존중받고
존중하는
영혼을 위한

아동
인권

존중받고 존중하는 영혼을 위한

아동인권

ⓒ 김희진 2019

초판 1쇄	2019년 5월 3일
초판 4쇄	2023년 12월 13일

지은이 김희진

출판책임	박성규	**펴낸이**	이정원
편집주간	선우미정	**펴낸곳**	도서출판 들녘
편집진행	이수연	**등록일자**	1987년 12월 12일
편집	이동하·이수연·김혜민	**등록번호**	10-156
디자인	하민우·고유단	**주소**	경기도 파주시 회동길 198
마케팅	전병우	**전화**	031-955-7374 (대표)
경영지원	김은주·나수정		031-955-7376 (편집)
제작관리	구법모	**팩스**	031-955-7393
물류관리	엄철용	**이메일**	dulnyouk@dulnyouk.co.kr

ISBN 979-11-5925-408-6 (03300)

존중받고
존중하는
영혼을 위한

아동
인권

김희진 지음

푸른들녘

왜 아동인권이냐고요?

아동 청소년도 시민이에요

2014년의 세월호 참사는 전 국민에게 말로 표현할 수 없는 충격과 절망, 무력감을 안겨주었습니다. 이 사건을 계기로 우리는 생명과 안전에 대해 돌이켜보게 되었고, 시민 모두가 각자의 책임과 의무에 대해 질문하면서 대한민국 역사상 최대 규모의 촛불집회를 열게 되었지요.

세월호 집회로부터 불붙은 촛불은 "이게 나라냐"라는 구호와 함께 정권 퇴진을 위한 집회로 이어져 2016년 10월 29일부터 매주 토요일 서울 및 전국에서 불을 밝히다가 2017년 4월 29일 23차 집회를 마지막으로 종료되었는데요. 전 세계로부터 유례없는 비폭력 평화시위로 인정받은 촛불집회는 당시 현직 대통령에 대한 국회의 **탄핵소추가결**, 뿌리 깊은 정경유착*에 대한 사법재판, 헌법재판소의 탄핵 결정 및 벚꽃대선을 통한 정권 교체를 이루며 국가의 주인은 국

---

* 정치인과 경제인들이 결탁하는 것

민임을 확인해주었습니다.

2016년, 우리는 광장에서 한마음으로 촛불을 들었습니다. 광장을 가득 채웠던 촛불의 환한 빛을 기억합니다. 그러나 우리와 함께 광장을 밝혔던 시민들 중 일부는 촛불집회의 주요 구성원이었음에도 소외되고, 시민으로서의 권리를 존중받지 못했습니다. 오히려 촛불을 밝혔다는 이유로 징계를 받기도 했지요. 누구냐고요? 바로 학생과 청소년, 즉 아동들입니다.

시민·민간단체가 협력하여 전국 중·고등학생 연령대의 청소년 2,420명을 대상으로 실시한 〈2017 전국 청소년인권 실태·의식 조사〉 결과에 따르면, 응답자의 절반이 촛불집회에 참여한 것으로 나타났습니다. 이들 중 직접 집회에 참여했다고 응답한 청소년은 28.0퍼센트(640명), 선언·서명에 동참했다고 답한 청소년은 36.3퍼센트(830명), 온라인 게시판이나 SNS에 글을 썼다고 답한 청소년은 20.7퍼센트(474명)였습니다. 벽보나 전단을 붙이고, 언론에 기고문을 내거나 인터뷰를 했다는 청소년도 있었습니다.** 1919년의 3·1만세운동, 1929년의 광주학생운동과 1960년의 4·19혁명을 생각해보세요. 모두 청소년이 없었다면 결코 이루어질 수 없었을 일대 사건이었습니다. 마치 그 역사를 이어가기라도 하듯, 청소년들은 2016년 촛불집회에서도 살아 있는 민주시민으로서 우리 사회의 건강한 변화를 소망하며 기꺼이 동참했지요.

** 「청소년 과반 "작년 촛불집회 직간접참여" … 28%는 집회 참석」, 연합뉴스, 2017.11.2.

2016년 촛불집회

하지만 우리 사회는 그들을 "아무것도 모른다" "미성숙하다" 혹은 "불완전하다"라고 폄훼하면서 이들의 '시민으로서의 지위'를 인정하지 않았습니다. 청소년들의 열정적인 촛불집회 참여에도 불구하고 선거권 연령은 단 한 살도 낮아지지 않았고, 결국 우리 사회는 청소년의 참여를 배제한 채 벚꽃대선과 2018 지방선거를 치렀습니다. 그뿐인가요? 국가정책의 모든 의사결정은 청소년의 의견이 반영되지 않는 경우가 태반입니다. 심지어 아동에 대한 정책일 때에도 아동 당사자의 의견이 반영될 여지는 극히 희박합니다. 아동들은 들리지 않고 열리지 않으니 국가정책에 대해 모를 수밖에 없고, 잘 모르니까 관심도 생기지 않습니다. 이런 상태에서는 당연히 진정 아동을 위한 정책 변화도 기대할 수 없습니다.

아동의 인권이 존중되면 모든 사람의 인권이 존중된다

청소년보다 낮은 연령대에 있는 아동의 경우도 마찬가지입니다. 이따금 언론을 통해 아동 학대 사건이 가시화되면 정부에서는 대책을 발표하곤 합니다. 하지만 가해자에 대한 처벌만 강화되었을 뿐 여전히 아동 학대 건수는 줄어들지 않고 있습니다. 한여름 폭염 가운데 차량 안에 방치된 아동이 사망하는 사고가 거듭되자 정부는 이른바 '세림이법'을 시행하여 13세 미만 어린이의 통학 차량 승하차 안전을 관리하는 의무에 대해 경각심을 높였는데요. 이 법이 시행된 지 1년 정도밖에 지나지 않은 2018년 7월에 또다시 4세 아동이 차량 속에 7시간 동안 방치되어 사망하는 사건이 있었습니다. 문제의 당사자인 아동의 관점을 반영하지 않고 성인의 시각에서 생각하고 만든 정책이 보여주는 허점, 특히 '생존에 대한 아동의 권리 보호'라는 본연의 목적과 관계없이 그저 '보여주기식 임무 완수'에만 초점을 맞춘 관계자들의 인식이 얼마나 성의 없고 부실한지 보여주는 예라 할 수 있어요.

우리 사회는 철저히 성인 중심으로 구성되어왔습니다. 국가정책과 공동체의 의사를 결정하는 사람이 성인이고, 행정을 집행하고 운영하는 담당자도 성인이며, 그들에게 불편한 점이나 개선을 요청하는 사람도 대부분 성인입니다. 그래서일까요? 건물 계단의 높이, 대중교통 버스 손

2013년 3월 충북 청주에서 당시 3세였던 김세림 양이 다니던 어린이집 통학 차량에 치여 숨진 사고를 계기로 제정된 법입니다. 어린이 통학 차량의 신고 의무 및 운전자 외 성인 보호자가 의무적으로 동승하여 아동의 안전을 확인하는 것을 주요 내용으로 합니다. 당시 일반 학원과 태권도장 등은 인건비가 부족하다는 등의 이유로 '동승자 의무 탑승 조항'에 대해 강력히 반발했습니다. 이에 유치원과 어린이집만을 대상으로 2015년 1월 29일 우선 시행되었고, 학원은 2년간의 유예 기간을 두었다가 2017년부터 적용되었습니다.

세월호 사고 현장

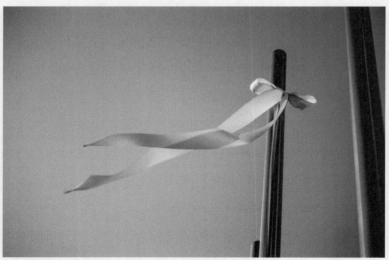

세월호 추모 리본

잡이의 길이와 높이, 공공화장실에 있는 가방 걸이의 높이나 세면대의 위치, 주민 센터에 있는 민원 창구의 높이에 이르기까지 성인보다 키가 작은 아이들의 이용 가능성을 고려한 흔적은 찾아보기 어렵습니다. 우리 사회는 아이들에게 우선순위를 두었던 적이 별로 없습니다. 아이들이란 그저 어른이 시키는 대로 '말 잘 듣고 공부 열심히 하는, 착하고 순종적인 아이'로 존재하면 그만이었습니다. 그 결과 우리 사회가 길러낸 '말 잘 듣는' 착한 아이들은 "가만히 있으라"는 선체 방송의 지시를 따르다가 세월호와 함께 침몰했습니다.

사망자 대부분은 수학여행을 떠난 고등학생이었습니다. 어른에 대한 순종을 절대적인 것으로 가르치는 교육을 받고 자라온 우리 아이들에게 어떻게 위험을 감지하고, 나에게 닥친 상황을 제대로 파악하며, 대책을 찾는 일련의 과정을 기대할 수 있었을까요? 마음껏 자기주장을 펼치고, 성공도 실패도 경험해보며 다시 도전하는, 그 자연스러운 과정이 '허용'되지 않는 한국 사회가 아이들을 죽음으로 내몰았다고 해도 과언이 아닙니다.

그래서 저는 여러분과 함께 아동인권을 이야기해보려고 합니다. 가장 작은 존재인 아동의 인권이 존중되는 세상을 만드는 것은, 결국 모든 사람의 인권이 존중되는 세상을 만드는 과정임을 알기 때문입니다.

차례

첫째 시간

아주 특별한 인권,
아동인권

인권이란 무엇일까?

#인권의 주체 #모든 사람의 마땅한 권리

'인권human rights, 人權'이란 문자 그대로 인간의 권리, 사람으로서 당연히 인정받아 마땅한 권리를 말합니다. 이 설명이 말해주듯, 인권의 주체는 '모든 사람'입니다. 그런데 정말 '모든 사람'이 '인간으로서 갖는 마땅한 권리'를 누리고 있을까요?

사실 '모든 사람의 인권'이라는 개념이 통용된 역사는 그리 길지 않습니다. 중세 계급사회에서 노예는 인간이 아니었어요. 근대 시민사회에서도 여성과 아동, 흑인과 노예들은 모든 인간이 누려야 마땅한 인권의 '주체主體'에서 제외되었습니다. 여성이 참정권을 획득한 지 이제 겨우 반세기가 갓 지났으며, 아동의 권리주체성이 논의된 지도 30년 남짓밖에 되지 않았습니다. 역사의 흐름은 곧 인권의 확장과 궤를 같이한다고 해도 과언이 아닙니다.

여성들은 오랫동안 정치에 참여할 수 없었어요. 남성에 비해 능력이 떨어진다는, 여성의 본분은 가정을 지키는 것이라는, 남성이 잘되는 것이 곧 여성의 이익이라는 이유로 말이에요. 이에 여성들은 힘을 모아 자신을 대변하는 대표를 뽑을 수 있는 선거권과 직접 대표로 입후보할 수 있는 피선거권을 얻기 위해 격렬한 투쟁을 벌였습니다. 현존하는 독립국 중에선 1893년 뉴질랜드에서 처음으로 여성에게 선거권이 주어졌답니다.

아래 QR코드를 스캔하면 여성들이 참정권을 얻기 위해 얼마나 노력했는지 그 역사를 읽어볼 수 있습니다.

인권을 누리지 못했던 흑인 노예 가정

이번 시간에 여러분은 저와 함께 인권의 역사, 국제인권조약, 인권에 대한 국가의 의무에 대해 살펴보게 될 거예요. 이 과정을 통해 인권 보장의 변화무쌍한 흐름 속에서 발현된 아동인권의 특별한 의미와 중요성을 함께 확인해보겠습니다.

세계인권선언

#국제인권조약 #유엔아동권리협약 #어린이공약 3장

국제연합, 즉 유엔United Nations, UN은 제2차 세계대전 종전 이후인 1945년 10월 24일에 출범했습니다. 안보에 관련된 일을 서로 돕고 역할을 나누며, 경제 개발에 협력하고, 인권 문제를 개선하는 데 힘을 모으는 등 세계 평화를 유지하기 위해 설립한 국제기구인데요. '유엔의 헌법'에 해당하는 유엔헌장Charter of the United Nations 또는 국제연합헌장國際聯合憲章에 따라 활동합니다. 다음은 유엔헌장 서문 중 일부입니다.

우리 연합국 국민들은 일생 중 두 번이나 말할 수 없는 슬픔을 인류에 가져온 전쟁의 불행에서 다음 세대를 구하고, 기본적 인권, 인간의 존엄 및 가치, 남녀 및 대소 각국의 평등권에 대한 신념을 재확인하며 … 더 많은 자유 속에서 사회적 진보와 생활수준의 향상을 촉진할 것을 결의하였다.

그 후 유엔총회는 1948년 12월 10일 당시 58개 가입국 중 50개국의 찬성으로 세계인권선언Universal Declaration of Human Rights; UDHR을 채택했습니다.

세계인권선언은 모든 인간이 누려야 하는 기본적인 시민적·정치적·경제적·사회적·문화적 권리를 '모든 민족과 국가가 공통으로 달성해야 할 기준'으로 규정한 인류 역사상 최초의 인권 선언으로 오늘날 인권의 근본 규범으로 널리 인정되고 있습니다.

여기서 한 가지 주목할 것은 세계인권선언이 'international국제적인, 세계적인'이 아닌 'universal일반적인, 보편적인'을 서두에 사용하였다는 점입니다. 이것은 단순히 국제사회가 인권을 선언했다는 의미를 넘어, 전 세계 어디에서나 '모든 사람'이 동등하게 존중받아 마땅한 '천부인권天賦人權'을 확인했다는 뜻입니다. 세계인권선언 제1조에는 이 뜻이 분명하게 드러나 있습니다.

세계인권선언 제1조

모든 사람은 태어날 때부터 자유로우며, 그 존엄과 권리에 있어 동등하다. 인간은 타고난 이성과 양심을 지니고 있으며, 서로 형제애의 정신으로 행동하여야 한다.

국제인권조약

세계인권선언이 발표된 이후 다음 표와 같은 아홉 개의 국제인권조약Human Rights Treaty이 차례로 채택됩니다. 이것은 모든 사람의 보편적인 인권, 특히 취약한 상황에 처한 사람의 인권을 보장하고 실현하기 위한 국제사회의 약속인데요. 이들 조약은 인권에 관한 국제법으로서 세계인권선언의 선언적 의미를 넘어 **당사국**에 대한 **법적 구속력**을 가진다는 점에서 그 의미를 찾을 수 있습니다. 구체적으로, 각 국제인권조약은 당사국의 조약 이행을 모니터링하는 조약 기구(위원회)를 설치하고, 각국이 성실하게 조약 이행 의무를 준수하였는지 보고하고 심의를 받도록 하는 이행 규정을 두고 있어요.

> ■당사국: 국제인권조약을 비준한 국가를 말합니다. 조약을 지키겠다고 약속한 당사자라는 의미입니다.
> ■법적 구속력: 형법을 위반했다면 벌금형이나 징역형에 처할 수 있고, 민법을 위반한 경우에는 금전적 손해배상책임을 물을 수 있는 것처럼, 법이 정하는 내용을 준수할 책임이 있다는 의미입니다. 법적 구속력이 없는 경우에는 법이 정하는 일정한 기준을 위반한 경우에도 국가가 아무런 강제 조치를 취할 수 없습니다.

우리나라는 지금까지 총 7개의 국제인권조약을 비준하였습니다. 최근에는 형제복지원 사건 등을 계기로 강제실종방지협약 가입·비준을 추진할 계획임을 밝히기도 하였습니다.

국가의 인권 보장 의무

국제인권조약을 비준한 국가는 조약의 당사국으로서 인권을 존중 respect하고, 보호protect하며, 이행fulfill할 국제법상의 의무를 부담합니다.

국가 간 권력 다툼이었던 제1·2차 세계대전을 거치며 수많은 사람들이 희생되었던 역사 속에서 국가는 인권의 주된 침해자이자 가장 큰 위협이었습니다. 국가가 개인의 생명권, 신체의 자유, 사생활의 자유, 사상·양심·종교의 자유, 표현의 자유, 집회·결사의 자유 등 인간 본연의 자유로운 삶이 최대한 보장되도록 하는 국가의 첫 번째 의무이자 인권 존중에 대한 소극적 의무조차도 제대로 이행하

■ 9개 국제인권조약

국제인권조약*	인권조약기구 (위원회)	채택	발효	한국 가입/비준**
인종차별철폐협약	인종차별철폐위원회	1965. 12. 21.	1969. 1. 4.	1978. 12. 5./ 1979. 1. 4.
시민적·정치적 권리에 관한 국제규약	인권위원회	1966. 12. 16.	1976. 3. 23.	1990. 4. 10./ 1990. 7. 10.
경제적·사회적·문화적 권리에 관한 국제규약	경제적·사회적·문화적 권리 위원회	1966. 12. 16.	1976. 1. 3.	1990. 4.1 0./ 1990. 7. 10.
모든 형태의 여성차별철폐협약 (여성차별철폐협약)	여성차별철폐위원회	1979. 12. 18.	1981. 9. 3.	1984. 12. 27./ 1985. 1. 26.
고문 및 그 밖의 잔혹한, 비인도적인 또는 굴욕적인 대우나 처벌의 방지에 관한 협약 (고문방지협약)	고문방지위원회	1984. 12. 10.	1987. 6. 26.	1995.1.9./ 1995.2.8.
아동의 권리에 관한 협약 (아동권리협약)	아동권리위원회	1989. 11. 20.	1990. 9. 2.	1991. 11. 20./ 1991. 12. 20.
모든 이주노동자와 그 가족들의 보호를 위한 국제협약 (이주노동자권리협약)	이주노동자권리위원회	1990. 12. 18.	2003. 7. 1.	미가입
장애인의 권리에 관한 협약 (장애인권리협약)	장애인권리위원회	2006. 12. 13.	2008. 5. 3.	2008. 12. 11./ 2009. 1. 10.
강제실종으로부터 모든 사람을 보호하기 위한 국제협약 (강제실종협약)	강제실종위원회	2006. 12. 20.	2010. 12. 23.	미가입

* 유엔인권최고대표사무소 홈페이지 참조: ohchr.org
** 2018년 7월 기준

지 못했기 때문입니다.

　그러나 자유를 존중한다고 해서 인권이 보장되는 것은 아닙니다. 성별·나이·장애의 유무·인종·국적·경제 상황 및 기타 사회적 신분 등 개인이 선택할 수 없었던 타고난 상황이 차별과 불평등의 원인이 될 때에는 국가가 앞장서서 도와야 해요. 인권침해를 예방하고 각 개인이 자신의 권리를 행사할 수 있도록 말입니다. 하지만 안타깝게도 현실에서는 이러한 기능이 잘 발휘되지 않습니다. 대부분의 국가가 사유재산제와 시장경제 질서를 채택하고 있는 오늘날, 성역할 수행에 따른 경력 단절이나 노동 형태에 따른 소득 격차, 그리고 경제 상황에 따라 달라지는 고등교육기관으로의 진학률 등 여러 상황에서 불평등이 심화되고 있는 탓입니다. 특히 경제적으로 취약한 계층에서는 제대로 교육을 받을 수 있는 기회, 사회에 진입하거나 안전한 노후를 보낼 기회조차 박탈당하기 일쑤지요.

　따라서 균등한 기회 보장이 곧 천부적 기본 인권인 평등권을 실현하기 위한 첫째 조건이라는 데엔 의심의 여지가 없습니다. 국가는 개인의 조건이 어떠하든 모든 사람들이 자신의 기본적 권리를 충분히 행사할 수 있도록 노력해야 합니다. 우리 헌법재판소는 모든 국민의 '인간다운 생활을 할 권리'를 보장하기 위한 국가의 의무를 다음과 같이 설명하고 있습니다.

헌법은 제34조 제1항에서 모든 국민의 "인간다운 생활을 할 권리"를 사회적 기본권으로 규정하면서, 제2항 내지 제6항에서 특정한 사회적 약자와 관련하여 "인간다운 생활을 할 권리"의 내용을 다양한 국가의 의무를 통하여 구체화하고 있다.

우리 헌법은 사회국가원리를 명문으로 규정하고 있지는 않지만, 헌법의 전문, 사회적 기본권의 보장(헌법 제31조 내지 제36조), 경제 영역에서 적극적으로 계획하고 유도하고 재분배하여야 할 국가의 의무를 규정하는 경제에 관한 조항(헌법 제119조 제2항 이하) 등과 같이 사회국가원리의 구체화된 여러 표현을 통하여 사회국가원리를 수용하였다. 사회국가란 한마디로, 사회정의의 이념을 헌법에 수용한 국가, 사회현상에 대하여 방관적인 국가가 아니라 경제·사회·문화의 모든 영역에서 정의로운 사회질서의 형성을 위하여 사회현상에 관여하고 간섭하고 분배하고 조정하는 국가이며, 궁극적으로는 국민 각자가 실제로 자유를 행사할 수 있는 그 실질적 조건을 마련해 줄 의무가 있는 국가이다.

헌법이 제34조에서 여자(제3항), 노인·청소년(제4항), 신체장애자(제5항) 등 특정 사회적 약자의 보호를 명시적으로 규정한 것은, '장애인과 같은 사회적 약자의 경우에는 개인 스스로가 자유행사의 실질적 조건을 갖추는 데 어려움이 많으므로, 국가가 특히 이들에 대하여 자유를 실질적으로 행사할 수 있는 조건을 형성하고 유지해야 한다'는 점을 강조하고자 하는 것이다.

나아가 국가는 기본적 인권 보장을 촉진하기 위한 적극적 의무를 부담해야 합니다. 이것은 곧 ①현재의 상황을 넘어 모든 사람이 보다 인간다운 삶을 보장받을 수 있도록, ②위험 상황을 방지하는 사회안전망을 구축할 수 있도록, ③국가 공권력이 개인의 생명과 자유 실현에 기여할 수 있도록 견고한 시스템을 마련하고, 이를 바탕으로 진정한 의미의 인권을 실현하고 충족하기 위한 역할을 적극적으로 도맡아야 한다는 뜻인데요.

2010년 4월 10일, 유럽인권재판소European Court of Human Rights는 국가가 생명권 보장을 위한 적극적인 의무를 이행하지 않았음을 인정하는 판결을 선고했습니다. 바로 Kemaloğlu v. Turkey 사건에 대한 판결인데요. 태풍 때문에 학교 수업이 일찍 끝난 2004년의 어느 날, İlbeyi Kemaloğlu와 Meriye Kemaloğlu의 7살된 아들 Atalay는 폭풍을 뚫고 학교에서 집까지 약 4킬로미터에 이르는 거리를 걸어가려 애쓰다 사망하였습니다. 당시 학교가 수업이 일찍 끝날 것이라고 지역 당국에 미리 알리지 않은 까닭에 학교 스쿨버스가 제때 도착하지 않았기 때문입니다.

유럽인권재판소는 터키 법원에서 소송을 지나치게 길게 끌었고, 부적절한 판결을 내렸으며, 부모에 대한 배상을 인정하지 않는 등 터키 당국이 아동의 생명권 보호를 위한 적극적인 의무를 다하지 않았다고 판단했습니다. 유럽인권조약 제2조 제1항은 다음과 같이 생명에 대한 권리를 명시하고 있습니다.

아래 QR코드를 스캔하면 유럽인권재판소의 판결을 확인해볼 수 있습니다.

제2조(생명권)

1. 모든 사람의 생명에 대한 권리는 법에 따라 보호되어야 한다. 어떠한 사람
   도 범죄행위에 대한 유죄판결에 따른 법원의 판결 외에 의도적으로 삶을
   박탈당해서는 안 된다.

유럽인권조약 제2조의 내용이 당사국에게 생명에 대한 모든 위험을 방지할 의무를 요구하는 것은 아니지만, 사전에 적절한 예방 조치를 다하지 않았다면 이는 명백한 국가의 의무 위반임을 확인한 판결입니다.

아동인권과 유엔아동권리협약

오늘날 대부분의 국가는 헌법과 법률에서 모든 국민의 기본권 또는 인간의 권리 보장에 대해 명시하고 있으며, 이때 말하는 '국민'이나 '인간'에는 당연히 '아동'도 포함됩니다. 그러나 역사적 현실은 아주 다릅니다. 이전까지 아동은 동등한 '인간'으로 대우받지 못했습니다. 그저 아직 성인에 이르지 못한, 소위 '덜 된 사람'이었을 뿐입니다. 그 결과 영아 사망률이 높던 과거에는 출생 후 일정한 시기에 이르기까지는 이름도 가지지 못하는 경우가 많았고, 어른에게 딸려 있는 부속물이나 몸집이 작아 몇몇 작업에 유용하게 쓸 수 있는 도구처럼 생각되기도 했습니다. 그리하여 농경사회에서는 집안의 일손, 산업사회에서는 저임금 노동력 정도로 취급되었습니다.

그러나 인권 보장을 위한 역사의 흐름 가운데 아동인권에 대한 논의도 점차 중요한 의제로 다루어지게 되었습니다. 세계인권선언이 "아동들은 특별한 보호와 지원을 받을 권리가 있다"라고 분명히 밝힌 이래, 1923년에는 영국의 세이브 더 칠드런Save the Children의 설립자인 에글렌타인 젭Eglentyne Jebb 여사가 아동권리선언The Declaration of the Rights of the Child을 발표했는데요. 이 선언은 1924년 국제연맹회의에서 '아동의 권리에 관한 제네바선언'으로 채택되었습니다. 제네바선언Declaration of Geneva은 세계 최초로 선포된 아동의 권리선언으로서 제1차 세계대전이라는 절체절명의 상황에서 기아와 질병, 극심한 빈곤에 노출된 아동들의 생존과 발달을 보호하는 것을 주된 내용으로 합니다. 이후 1959년, 유엔총회는 세계인권선언의 정신을 계승하며 제네바선언을 확대한 아동권리선언을 채택했습니다. 유엔아동권리선언은 "아동은 특별한 보호가 필요한 존재이자 모든 권리를 차별 없이 향유해야 하는 주체"라는 사실을 명시하며, 아동 역시 성인과 다르지 않은 인권의 소유자임을 확인하였습니다. 다만 아직 발달과정 중에 있기 때문에, 아동이 차별 없이 모든 권리를 향유하기 위해서는 "특별한 보호와 배려, 지원이 필요하다는 것"을 명시하였지요. 유엔아동권리선언은 아동에 대한 국제사회의 관점이 서서히 변화하게 되는 시작점이 되었습니다.

1976년 12월 21일, 유엔총회는 1979년을 '아동의 해International Year of the Child'로 정하는 결의안을 채택하였고,[*] 같은 해 유엔아동권리협약을

---

[*]   UN General Assembly, "International Year of the child", 1976, GA/R/31/169.

1908년도의 어린이 면직공장 노동자들

아동권리선언을 발표한 에글렌타인 젭 여사

만들기 위한 워킹그룹Working-Group이 구성되었습니다. 종전의 아동권리선언은 말 그대로 선언, 권고적 효력에 그쳤다는 한계가 있었거든요. 이에 1978년 폴란드가 유엔인권이사회[*]에 아동권리협약 초안을 제안하였으나, 이후 각국의 이념적·사상적 대립과 굳이 아동권리를 다른 권리와 별도로 논의할 필요가 있느냐는 이견 속에서 치열한 논의가 있었습니다. 그리고 이러한 장장 10년간의 작업을 통해 마침내 1989년 11월 20일 마침내 유엔총회 만장일치로 유엔아동권리협약이 채택되었습니다.^{**}

유엔아동권리협약은 아동이 한 사람의 인간으로 대우받지 못했던 뼈아픈 역사를 바탕으로 나온 것인데요. 특히 9개 국제인권조약 중 가장 빠르게 발효된 조약이라는 점, 유엔회원국(193개)보다 많은, 전 세계 196개국이 비준한 조약이라는 점에서 그 위상을 확인할 수 있습니다. 이는 즉 아동권리는 국제사회가 가장 보편적으로 합의한 인권이라는 뜻입니다.

유엔아동권리협약이 특별한 이유

유엔아동권리협약은 아동인권에 관한 가장 보편적인 국제인권규범입니다. 이제 유엔아동권리협약에서 찾을 수 있는 몇 가지 특별한 의미를 함께 살펴보겠습니다.

---

* 현재 인권이사회Human Rights Council의 전신인 인권위원회Human Rights Commission
** 이양희·김상원(2013), 『국제아동인권규범의 이행－아동권리협약 중심으로』, 성균관법학25(2), 311-332.

우리가 아직도 아동이라구요?

우리는 몇 살부터 몇 살까지를 아동이라고 할까요? 아마 많은 분들이 영유아나 초등학교 입학 전의 유치원생, 혹은 초등학생 정도의 연령을 떠올릴 것 같습니다. 이 책을 읽고 있는 청소년 여러분은 어쩌면 약간 으스대며 "아동은 당연히 유딩부터 초딩이지, 난 아동이 아니야"라고 생각할 수도 있을 것 같고요. 마침 제가 이 글을 쓰고 있는 카페 뒷자리에서는 학부모로 보이는 여성분들이 "6~7세까지는 아가니까 놀아도 대충 봐줬는데 이제 아동이 되었으니 공부 관리를 잘해야 해"라고 서로 다짐하는 이야기가 들려옵니다. 아마 자녀들이 초등학교에 입학한 모양입니다. 그런데 웬걸요. 유엔아동권리협약 등 국제사회가 정의하는 아동은 일반적으로 '만 18세 미만의 모든 사람'을 의미한답니다.

대한민국의 법도 기본적으로 "아동은 만 18세 미만인 사람이다"라고 정의하고 있습니다. 아동에 관한 기본법으로 인식되는 〈아동복지법〉이 그러하고, 〈아동 학대범죄의 처벌 등에 관한 특례법〉 〈실종아동 등의 보호 및 지원에 관한 법률〉 〈장애아동복지지원법〉 등도 아동의 범위를 동일하게 정의하고 있습니다. 최소한 만 18세, 즉 한국 나이로 20세가 될 때까지는 세상을 살아가는 데 필요한 준비를 충분히 할 수 있어야 하고, 인간으로서 기본적 권리를 온전히 행사할 수 있을 때까지 특별한 보호와 지원을 받을 권리가 있다는 의미입니다. 이때, 아동기라는 말은 만 18세 미만의 광범위한 연령대를 지칭하는 만큼 발달과정에 따라 확연히 다른 특징을 나타냅니다.

영아infant, 유아toddler, 어린이/아동kid, 청소년adolescent 등 아동기를 세분하는 다양한 표현들이 있는데요, 출생 이후 성인에 이르는 과정까지 변화무쌍하게 달라지는 신체적·심리적·정서적·사회적·인지적 특징을 반영한 것이지요.

그런데 왜 이렇게 긴 시간 동안 아동의 권리를 특별하게 보장해야 할까요? 아동기는 출생으로부터 신생아기, 영아기, 유아기, 학령기, 사춘기 및 청소년기에 이르는 연속적인 성장 기간입니다. 이 시기에 잘 보호받고 양육되면 건강과 잠재력을 증진할 수 있지만, 그렇지 못할 경우 더 큰 위험에 처할 수 있고, 때로는 주어진 기회를 박탈당할 수도 있습니다. 발달과정에 있는 아동은 다양한 외부 요인에 대해 성인보다 민감하고, 취약하기 때문입니다. 무엇보다 아동기의 모든 경험은 계속적으로 누적되어 한 사람의 인생에 영향을 미칩니다. 어른들이 불성실해 보이는 사람이나, 문제 행동을 일으켜 뉴스에 나오는 사람들을 보고 흔히 '불행한 어린 시절'을 운운하는 것을 본 적 있나요? 물론 백 퍼센트 상관관계가 있는 것은 아니지만, 어린 시절의 경험은 분명 성격과 자아 존중감, 인지 능력, 대인 관계 등 광범위한 범위의 개인적 역량에 중대한 영향을 미칩니다.

주체적이고 독립적인 인간은 어느 한순간에 만들어지는 것이 아닙니다. 지속적인 성장 과정에서 우리가 마주하는 세상의 범위는 점차 넓어지고 인간관계 또한 확장됩니다. 우리는 그때마다 수많은 선택지 가운데서 고민하고, 적절한 방법을 모색하며, 경험 속에서 책임의 의미를 배우고, 다시금 선택하는 권리 행사의 경험 속에서 건강한 자아 존중감을 형성하고 내 삶을 주도하는 존재로 성장할 수 있게 됩니다. 제가 밖에서 만나는 어른들 가운데엔 "아이들에게 권리 교육을 하면 버릇없이 자란다"고 하면서 걱정하는 분들이 더러 있습니다. 그러나 나의 권리를 존중받은 경험이 없는 사람들이 과연 타인의 권리를 존중할 수 있을까요? 절대 기대할 수 없는 일입니다. 자신의 권리를 바르게 인식한 아이들이라야 그것이 나만의 권리가 아님을 경험으로 학습하고, 그렇게 누적된 경험을 행동으로 발현할 수 있기 때문입니다. 즉, '성숙한 민주시민'으로서의 역할 수행은 아동기의 경험과 기억을 발판으로 할 때 더 잘 나타날 수 있습니다. 아동인권이 중요하다고 강조하는 이유입니다.

아동이 권리를 행사하는 주체가 되어야 해요

유엔아동권리협약은 보호와 양육, 교육 등에서 수동적 객체로만 인식되던 아동이 인간으로서 당연히 누려야 할 권리의 주체임을 확인한 최초의 국제인권법입니다. 이로써 아동을 '덜 자란 어른'으로 바라보던 기존의 시각에 문제가 있다는 것이 드러났어요. 아동은 덜 자란 게 아니라 그저 신체적·정신적으로 발달하는 과정 중에 있을 뿐 성인과 같이 현존하는 인간이라는 인식이 생긴 겁니다. 따라서 그들 역시 마땅히 기본적인 인권을 향유할 권리가 있습니다. 물론 아동은 발달 단계에 있다는 특성상 일정 기간 성인에게 의존할 수밖에 없지만, 사회적 힘의 우열 관계가 아동의 목소리를 배제하지 않도록 노력하라는 것, 그리고 성인과 아동은 다만 서로 다른 사람일 뿐 동등한 당사자라는 것과 양자의 권리 모두 존중받아 마땅하다는 것을 인식하고 인정하라는 것 등 유엔아동권리협약은 보편적 인권 실현을 위한 패러다임paradigm의 전환을 가져왔습니다.

인권의 두 측면을 통합하여 제시한 최초의 조약이에요

인권은 보편성과 **비양도성**universality and inalienability, **불가분성**indivisibility, **상호의존성과 상호관련성**interdependence and interrelatedness 및 **평등성과 비차별성**equality and non-discriminations을 특징으로 합니다. 유엔아동권리협약은 시민적·정치적 자유와 경제적·사회적·문화적 권리로 나누어 고려되던 인권의 두 측면을 통합적으로 제시했다는 점에서도 특별한 의미가 있습니다.

세계인권선언UDHR을 기억하시나요? 모든 사람의 보편적 인권을 선언한 최초의 국제인권문서였죠. 여기서 보편성이란 개개인의 인종, 민족, 성, 장애나 경제적 여건, 정치적·문화적 배경 또는 거주지역 등 서로 다른 상황에 상관없이 인권의 기준은 모든 사람에게 동일하게 적용되어야 한다는 의미입니다. 한편 비양도성은 인권은 개인의 고유한 권리로서, 누구에게 양보하거나 이전할 수 없으며, 포기할 수도 없다는 의미입니다. 인권은 인간이기 때문에 당연히 인정되는 권리이기 때문입니다.

또 인권의 내용은 쪼개거나 분절적으로 생각할 수 없습니다. 즉, 인권을 구성하는 수많은 권리들이 있지만, 이들은 모두 연결되어 있고 서로가 서로의 권리 보장을 지원하는 관계이기 때문에, 어느 하나를 제외하고 생각할 수는 없다는 의미입니다. 이렇게 모든 권리는 서로 관련되어 있어서, 어느 한 권리를 향유하기 위해서는 다른 권리가 보장되어야 하고, 이를 통해 전체 인권의 보장 정도가 더 높아질 수 있다는 것이 상호의존성 및 상호관련성입니다.

의식주가 보장된다 하더라도, 하고 싶은 말을 할 수 없고, 자유롭게 이동할 자유가 없다면, 그것은 인간다운 삶이라고 할 수 없을 것입니다. 원하는 직업을 갖고, 원하는 사회생활을 할 권리는 그 의사를 표명하고 행동할 수 있을 때 비로소 실현될 수 있겠지요. 소위 시민적·정치적 자유와 경제적·사회적·문화적 권리는 상호 간에 우선순위를 따질 수 없습니다. 즉, 인권의 종류는 우열을 가릴 수 없으며, 모든 권리는 평등하게 적용되어야 한다는 것이 평등성 및 비차별성입니다.

따뜻한 집에서 자고, 삼시세끼 배부르게 먹는다고 해서 인권을 보장받는 것이라고 볼 수는 없습니다. 우리 모두 이 사실을 알고 있습니다. 인간다운 삶이란 먹고 자는 것 이상의 조건들을 큰 무리 없이 충족할 수 있을 때 가능해집니다. 알고 싶고 필요한 정보에 접근할 수 있고, 자유롭게 개인적인 의견을 형성하고, 집회에 참여하거나 모임을 조직할 수 있고, 사생활과 개인정보가 보호되는 생활… 우리는 그런 삶을 인간다운 삶이라고 부릅니다. 흔히 **자유권**自由權, right of freedom**과 사회권**社會權, droits sociaux으로 분류되는 양자가 결코 나뉘어 고려될 수 없다는 것입니다. 앞서 유엔아동권리협약은 초안이 제안된 이후 그것이 채택되기까지 10년이라는 시간이 소요되었다고 언급한 바 있습니다. 제2차 세계대전 이후 미국과 소련연방으로 대표되던 이념적 대립은 협약을 채택하는 과정에도 영향을 미쳤는데, 유엔아동권리협약은 하나의 조약에 시민적·정치적 권리와 경제적·사회적·문화적 권리 모두를 포함시키고자 한 최초의 조약이기 때문입니다.

■자유권: 국가로부터 간섭을 받지 않고 자유롭게 행동할 수 있는 자유로서 헌법과 법률에 의하여 보장된 국민의 기본권입니다. 헌법상의 '자유'는 기본적 인권의 가장 중요한 부분을 구성합니다.

■사회권: 국가로부터 인간다운 생활을 영위하는 데 필요한 조건을 보장받을 수 있는 국민의 기본적 권리예요. 개인의 인간다운 생활을 보장할 책임은 국가 및 사회에 있다는 사상에서 발생한 권리로서 '생활권'이라고도 합니다.

한 사람의 전인적全人的 삶은 통합적 관점에서 접근해야 합니다. 우리가 어떤 인생을 떠올릴 때 쉬지 않고 일만 한 사람의 인생이나 경제활동 한 번 제대로 하지 않고 놀기만 한 사람의 인생을 상상하기 어렵듯이 말이에요. 무엇보다 '연령'을 이유로 인간의 일부 권리를 제한할 수 없다는 것을 확실하게 이해해야 합니다. 나이가 어리다고 해서 먹고 자고 노는 등의 단순한 욕구만 있는 것이 아니고, 또 이런 욕구들이 채워진다고 하여 언제나 행복하다고 말할 수 있는 것은 아니잖아요?

태어나자마자 가난을 이유로 친부모에게 버림받고 잘사는 선진국으로 입양된 K가 있습니다. 먹고살고 공부하는 데엔 문제가 없었지만 K는 마음 깊은 곳에 갈증이 있었습니다. 성인이 된 후 틈만 나면 친부모를 찾으러 고국으로 건너오는 K에게 "남부러울 것 없이 살면 됐지, 뭘 굳이 친부모를 찾아?"라고 이야기하는 사람도 있습니다. 하지만 K는 이 문제가 해결되지 않는 한 인생에서 온전한 행복을 누릴 수 없다고 믿습니다. 한 사람의 인생은 몇 가지 단순한 물리적 조건들의 조합으로 이루어지는 게 아니잖아요? 유엔아동권리협약은 아동이 인간답게 살기 위한 복잡·다양한 조건들을 포괄적으로 제시한 최초의 국제인권법입니다.

유엔아동권리협약은 무엇을 말하고 있을까?

유엔아동권리협약은 아동에 대한 정의와 협약을 이행하는 데 필요한 당사국의 주요한 역할을 제시합니다. 더불어 아동의 다양한 권리들을 명확하게 밝히고 있습니다. 이를테면 시민으로서 누려야 하는 권리와 자유, 모든 형태의 폭력으로부터 보호받을 권리, 가능한 한 부모와 함께 살면서 가정에서 성장할 권리, 필요한 경우 적절한 대안적 양육을 제공받을 권리, 장애 아동의 권리(기초보건 및 사회서비스에 대한 국가의 의무), 교육·여가 및 문화생활을 누릴 권리, 그리고 난민·노동·성 착취·소년사법 등 취약한 상황에서 특별한 보호를 받을 권리 등 다양한 아동권리를 제시하고 있습니다.

협약을 이행할 때 지켜야 할 일반 원칙

문제는 아동의 인권을 보호하고 실현하는 데 있어 협약이 열거하는 개별 권리를 보장하는 것만으로는 충분하지 않다는 점입니다. 이에 유엔아동권리위원회는 당사국이 광범위한 내용의 아동권리협약을 이행함에 있어 반드시 고려해야 할 원칙으로 '비차별'(제2조) '아동 최상의 이익'(제3조) '생명·생존 및 발달'(제6조) '의견 표명과 참여'(제12조)를 확인한 바 있습니다. 이를 '일반 원칙'이라고 하며, 일반 원칙은 협약이 제시하는 아동권리 보장을 위한 국가의 의무를 이행하는데 지침으로 작용합니다. 아래는 유엔아동권리협약의 내용입니다.*

유엔아동권리협약 제2조

1. 당사국은 아동이나 그 부모, 법정대리인의 인종, 피부색, 성별, 언어, 종교, 정치적 의견, 민족적·인종적·사회적 출신, 장애여부, 태생, 신분 등의 차별 없이 이 협약에 규정된 권리를 존중하고, 모든 아동에게 이를 보장해야 한다.
2. 당사국은 아동이 부모나 법정대리인 또는 다른 가족의 신분과 행동, 의견이나 신념을 이유로 차별이나 처벌을 받지 않도록 모든 적절한 조치를 취해야 한다.

유엔아동권리협약 제3조

1. 공공·민간 사회복지기관, 법원, 행정당국, 입법기관 등은 아동과 관련된 활동을 함에 있어 아동에게 최상의 이익이 무엇인지 가장 먼저 고려해야 한다.

유엔아동권리협약 제6조

1. 당사국은 모든 아동이 생명에 관한 고유의 권리를 가지고 있음을 인정한다.
2. 당사국은 아동의 생존과 발달을 최대한 보장해야 한다.

---

*   유엔아동권리위원회 채택 일반논평 제5호, 「아동권리협약 이행을 위한 일반조치」 제5항, 2003, CRC/C/ GC/5/para.12.

유엔아동권리협약 제12조

1. 당사국은 자신의 의견을 형성할 능력을 갖춘 아동에게는 본인에게 영향을 미치는 모든 문제에 대해 자유롭게 의견을 표현할 권리를 보장하고, 아동의 나이와 성숙도에 따라 그 의견에 적절한 비중을 부여해야 한다.

2. 이 목적을 위해 당사국은 아동에게 영향을 미치는 사법적·행정적 절차를 시행함에 있어 아동이 직접, 또는 대리인이나 적절한 기관을 통해 의견을 진술할 기회를 국내법 체계 안에서 마련해야 한다.

즉, 아동은 자신 또는 부모의 상황과 관련된 어떠한 사유로도 차별받지 않아야 하며Non-Discrimination, 부모도 그 누구의 것도 아닌 고유의 생명권을 인정받아야 하고, 생존과 발달에 대한 권리를 가능한 한 최대한으로 보장받아야 한다는 것Rights to Life and Maximum Possible Survival and Development, 그리고 아동과 관련한 상황에서는 아동의 이익이 최우선으로 고려되어야 하고The best interest of the Child, 그 모든 과정에서 아동 당사자의 자유로운 참여와 의견 표명 및 제시한 의견이 진지하게 고려되는 절차 전반이 보장될 때Respect for the Views of the Child 비로소 진정한 의미의 아동인권이 실현된다고 할 수 있다는 뜻입니다.

어린이가 빠진 어린이 놀이터

다음 사례를 바탕으로 위의 내용들을 하나하나 짚어보겠습니다. 2015년, 〈어린이놀이시설 안전관리법〉에 따른 안전 진단 결과 "재사용 불가 판정을 받은 어린이 놀이시설이 안전을 침해할 것으로 판단되는 경우에는 그 철거를 명할 수 있다"는 규정에 따라 전국 1,000여 개 이상의 놀이터가 폐쇄되었습니다. 그런데 이용 금지 조치 후 10개월이 넘어 봉쇄 테이프가 삭을 지경에 이르기까지 아무런 조치가 취해지지 않은 채 방치되어 그 실태가 언론에 보도된 바 있습니다.

QR코드를 스캔하면 2015년 11월 25일자 베이비뉴스에 실린 「놀이터 폐쇄 장기화는 올해로 끝내야 한다」는 제목의 기사를 읽을 수 있습니다.

물론 안전한 놀이터를 이용할 수 있도록 안전성을 진단하고 그 결과에 따라 폐쇄 조치를 하는 것은 아이들의 안전하고 건강하게 놀 권리와 생명과 발달권을 보장하기 위해 중요한 내용입니다. 다만 그 과정에서 무시하지 못할 문제점이 드러났습니다. 바로 당사자인 어린이들의 의견이 전혀 고려되지 않았다는 점입니다.

평소에 아이들에게 놀이터 환경이 어떤지 자주 묻고 의견을 들어 보았다면 어땠을까요? 아이들의 말을 듣고 틈틈이 필요한 부분을 정비했더라면 갑작스러운 이용 폐쇄 결정에 이르지 않았을지도 모릅니다. 또 한편으로 놀이터 폐쇄를 결정하기 전에 놀이터를 이용하는 아이들의 의견이 전달되었다면 일 처리가 어떻게 달라졌을까요? 만일 관계자들이 "우리 동네에 이 놀이터가 꼭 필요해요"라고 하는 아이들의 목소리를 들었더라면 설령 폐쇄를 결정했다고 해도 놀이터를 그토록 오랫동안 방치하지는 않았을지도 모릅니다. 더 나아가 놀이터를 만드는 과정에서부터 아이들의 참여가 있었다면 어땠을까요? 그네, 시소, 미끄럼틀, 조합놀이대라는 흔하고 뻔해서 하나도 새로울 게 없는 '놀이터 4종 세트'에서 벗어나 더 많은 아이들이

우리나라 놀이터의 대부분은 장애 아동이 사용하기 어려운 것이 현실입니다.

즐겁게 놀 수 있는 놀이 공간이 조성되었을지도 모릅니다. 그러면 이용자들이 훨씬 많아졌을 테고 그만큼 관리 주체들도 보다 성실하게 안전 점검에 주의를 기울였을 것입니다. 어쩌면 장애 아동과 어린 영유아도 안심하고 더불어 놀 수 있는 멋진 놀이터가 자연스럽게 형성되었을 수도 있지 않을까요?

즉, 모든 아동이 이용할 수 있는 놀이터(비차별의 원칙), 안전하면서도 아이들의 호기심을 충족할 수 있는 놀이 환경(생명·생존 및 발달의 원칙), 아동의 여가·문화생활을 보장·증진하기 위해서는 정기적인 놀이터 안전 점검과 개선 조치를 위한 예산 확보가 정부 정책의 우선순위가 되어야 합니다(아동 최상의 이익 원칙). 또한 놀이터 설치 및 운영·점검 과정 전반에 아동의 참여권과 의견 청취권이 보장되어야 한다는 것(아동참여와 의견존중의 원칙) 등은 국가가 '아동을 위한 안전한 놀이 환경 조성이라는 의무를 이행하기 위해서는 일반 원칙을 포괄적으로 고려해야 함'을 의미합니다. 나아가 지역 주민의 삶의 질을 증진하는 데도 긍정적으로 기여할 수 있습니다.

유엔아동권리협약은 다른 인권조약과 어떻게 다를까?

유엔아동권리협약은 아동 최상의 이익 원칙을 제시하였다는 점에서 여타 인권조약과 구별됩니다. 이때, 유엔아동권리협약은 만 18세 미만 아동의 권리를 규정하고 있는 데 비해, 우리 민법은 만 19세 미만까지를 미성년자로 정하고 있어서 보호의 공백을 지적하는 의견이 종종 나옵니다. 예컨대 부모 대신 미성년인 손자녀를 양육한 조부모가 부모에게 손자녀가 성년에 이를 때까지의 양육비를 청구한 소송에서, 법원은 민법 제913조 "친권자는 자를 보호하고 교양할 권리의무가 있다"는 조항과 함께 아동 양육에 대한 부모 공동의 1차적 책임에 대한 아동권리협약 제18조 제1항을 근거로 "미성년 자녀에 대한 부모의 제1차 부양의무가 조부모의 제2차 부양의무에 우선한다"고 판단하였고, 이에 미성년 손자녀가 20세에 이르기 전까지 원고가 부담한 아동의 양육비 청구를 인용하는 판결을 내렸습니다.* 그런데 유엔아동권리협약이 정하는 아동은 만 18세까지인데, 만 20세까지의 양육비 청구를 인용하는 근거가 될 수 있을까요?

---

* 당시 개정 전 민법은 성년에 이르는 연령을 만 20세로 정하고 있었으므로, 부모가 지불해야 할 양육비에 해당되는 기간은 손자녀가 만 20세에 이르는 시기까지로 인정되었습니다. 조부모가 양육비 청구소를 제기한 것은 손자녀가 성인이 된 이후이기 때문입니다.

〈유엔아동권리협약〉 제1조

당사국의 법에 따라 성년에 이르는 연령이 더 빠르지 않은 한, 협약이 정하
는 아동은 만 18세 미만의 모든 사람을 말한다.

사실 유엔아동권리협약은 아동을 정의함에 있어 단서를 제시하
고 있습니다. '당사국의 법에 따라 성년에 이르는 연령이 더 빠르지
않은 한'이라는 표현이 그것인데요. 즉, 당사국은 모든 사람이 최소
한 18세에 이를 때까지는 아동으로 간주하고 그 인권 보장에 특별
히 주의를 기울여야 함을 제시하였을 뿐, 아동의 구체적 연령을 확
정하지는 않았습니다. 개별 국가의 사회적·문화적 여건에 따라 아
동의 신체적·심리적·사회적·정신적·인지적 발달이 달라질 수밖에
없다는 점을 고려한 탓입니다. 그러므로 국내법이 만 18세 이상의
연령으로 아동을 규정하고 일정 연령까지를 성인 아닌 사람으로 규
정하고 있다면, 이들의 권리 보장을 위한 국가의 조치 또한 아동 최
상의 이익의 원칙에 입각하여 이루어져야 합니다. 협약은 아동을 규
정한 것이 아니라, 아동의 권리 보장을 위한 국가의 책무를 명시한
것이기 때문입니다. 협약이 제41조에서 "협약은 당사국의 법에 따
라 아동의 권리 실현에 보다 도움이 될 수 있는 규정에 영향을 미치
지 않는다"고 정한 것도 같은 맥락에서 이해할 수 있습니다. 국내법
이 만 18세를 넘어 아동의 자율성과 독립성 향상을 위한 지원체계
를 마련하고 있다면, 당연히 그것이 우선되어야 한다는 의미입니다.

유엔아동권리협약 제41조(아동권리실현을 위한 규정)

협약은 아동권리실현에 보다 도움이 될 수 있는 다음 각 호의 규정들에 영향을 미치지 않는다.

1. 당사국의 법

2. 당사국에서 효력을 가지는 국제법

아동인권에 대한 국제사회의 합의는 성인이 아니라는 이유로 인간으로서 적절한 권리를 향유할 수 있다는 것을 인정받지 못했던 아동의 인권 보장에 대한 약속이었습니다. 그런 만큼 아동의 연령 기준은 그들의 권리 증진을 고려하여 '아동 최상의 이익'이라는 관점에서 해석되어야 합니다.

무엇보다 다양한 이해관계자가 얽혀 있는 갈등 상황에서 아동에게 제공할 수 있는 최상의 이익을 최우선적으로 고려한다는 것은 아동의 인권을 보장함과 동시에 아동 당사자가 자존감을 형성할 수 있는 환경을 만들기 위해 꼭 필요한 일입니다. 이를테면, 우리는 아동에게 최상의 이익이 되는 학교 환경을 조성하기 위하여 학생 인권을 이야기합니다. 앞서 아동기는 경험과 학습, 그로 인한 발달을 인정하는 시기라는 점을 이야기하였습니다. 즉, 수업, 급식, 학교 규칙 및 기타 학교의 모든 활동에서 교사나 부모가 아닌 학생 당사자의 입장에서 가장 좋은 선택을 고민하는 것은 곧 학생인 아동의 인권을 실천하는 것이며, 아동의 성장을 응원하는 과정입니다. 스스로 권리를 주장할 수 있는 주체임을 자각하고, 자신의 정당한 권리를 주장할 수 있는 사람은 사회의 부조리함에 대한 불의감을 인식할 수 있으며, 동등한 인격적 주체로서 타인에 대한 상호 존중을 실천할 수 있을 것입니다.[*] 한편, 재난 상황에서 노인, 장애인, 어린이, 여성 등에 대한 보호 조치가 우선되어야 한다는 우리 사회의 약속은, 모든 사람의 인권 보장을 위한 사회적 합의입니다. 가장 약한 사람의 권리가 온전히 실현되는 사회라면 모든 사람의 권리가 보장되리라는 것을 신뢰할 수 있을 테니까요. 아동의 입장에서, 아동에게 최선의 이익을 가장 먼저, 그리고 가장 중요하게 고려해야 한다the best interest of the child shall be a primary consideration고 강조하는 이유입니다.

방정환 선생의 어린이공약 3장

앞서 유엔아동권리협약이 채택된 흐름을 간략하게 살펴보았는데요. 서양에서만 아동 인권에 대한 논의가 있었던 것은 아닙니다. 1923년 영국의 에글렌타인 젭 여사가 아동권리선언을 발표한 바로 그해에 우리나라의 방정환 선생은 어린이공약 3장을 발표했습니다.[**]

어린이공약 3장을 발표한 방정환 선생

* 　조효제, 『인권의 지평』, 후마니타스, 2016, 46-48쪽.
** 　이양희·정병수, "방정환의 비전, 그리고 아동권리, 보건복지부 위탁 아동인권증진사업", 2014 국제아동권리포럼, 국제아동인권센터, 201쪽.

어린이공약 3장(1923)

1. 어린이를 재래의 윤리적 압박으로부터 해방解放하야 그들에 대한 완전한 인격적 예우禮遇를 허許하게 하라.

2. 어린이를 재래의 경제적 압박으로부터 해방解放하야 만 14세 이하의 그들에게 대한 무상 또는 유상의 노동을 폐廢하게 하라.

3. 어린이 그들이 고요히 배우고 즐거이 놀기에 족한 각양各樣의 가정 또는 사회적 시설을 행行하게 하라.

공약의 첫 번째 항은 아동을 '덜 된 사람' '온전하지 않은 사람'으로 취급하던 옛 습속을 버릴 것을 촉구하고 있는데요. 특히 우리나라는 유교 문화의 전통 속에서 아동을 성인에게 복종해야 할 대상자로 취급했습니다. 아동의 생각은 쉽게 무시되었고, 눈에 띄는 행동은 지적의 대상이 되었습니다. 우리 민족의 일상을 일견 불합리하게 옭죄었던 삼강오륜三綱五倫이 이런 사고방식이 널리 퍼지는 데 한몫 단단히 했다는 것은 잘 알려진 사실인데요. 아직도 그 영향이 남아 어른들은 종종 "어린 것이 어디서 말대꾸를?"이라든지 "어허, 이 녀석이 아무것도 모르면서!"라는 말들을 아무렇지 않게 하기도 합니다. 하지만 방정환 선생은 이미 오래전에 아동 역시 성인과 동등한 독립적인 인격체임을 강조했던 것입니다.

공약의 두 번째 항은 아동 노동에 관한 것입니다. 오늘날 한국에서는 아동 노동이 크게 문제되지 않지만(물론 근로기준법이 준수되지 않는 청소년 아르바이트 실태, 현장 실습을 명목으로 한 특성화고등학교 학생들에 대한 노동 착취는 절대 간과해서는 안 될 문제입니다), 먹고사는 문제가 시급했던 과거에는 아동도 가정의 주요 노동력이었습니다. 크고 작은 집안일을 처리할 때 심부름을 도맡았고, 부모님이 농사일을 나가면 여자아이들은 으레 부엌일을 하거나 어린 동생들을 돌보았습니다. 남자아이들은 산에 올라가 땔감으로 쓸 나무를 베었고요. 힘든 노동 현장은 때로 아직 신체적·정신적으로 취약한 아동에게 생명의 위협이 될 수도 있는데도 말입니다.

오늘날 헌법은 "연소자의 근로는 특별한 보호를 받아야 한다"라고 분명히 못 박고 있습니다. 근로기준법도 만 15세 미만인 사람의 노동을 금지하고 있구요. 만 14세 이하 아동의 노동을 금지하라는 방정환 선생의 뜻이 오늘날 우리 법으로 이어진 셈입니다.

또한 교육과 여가, 문화적 권리에 대한 세 번째 조항은 아동의 권리 보장을 위한 국가의 적극적 역할을 촉구하고 있어요. 가정 또는 사회 시설을 통해 충분히 휴식을 취하고, 적절한 놀이 활동을 즐기며, 자유로운 여가·문화생활을 통해 성장하는 것이 아동의 권리임을 분명히 밝히고 있는 것입니다.

우리나라의 아동인권 의식 발달

방정환 선생이 당시로서는 매우 선구적이었던 어린이공약 3장을 통해 아동의 권리를 선포한 이후, 우리나라의 아동인권은 분명 다양한 영역에서 점진적으로 발전해왔습니다. 여성 아동 역시 교육받을 권리의 주체라는 인식이 확장되었고, 전쟁고아나 입양 아동 등 국가의 보호가 필요한 아동에 대한 지원이 주된 내용이었던 〈아동복리법〉은 모든 아동에 대한 보편적 복지 보장을 위한 아동복지법으로 개선되었습니다. 부모의 질병 또는 맞벌이 노동으로 인해 가정 내 육아가 어려운 영유아를 지원하는 것을 목적으로 제정되었던 〈영유아보육법〉도 현재는 모든 영유아의 보호 및 교육에 대한 국가의 책임을 확인하는 방향으로 개정되었습니다. 오늘날 아동복지법, 영유아보육법, 〈청소년기본법〉 등 아동과 관련된 법들은 해당 법의 이념에서 유엔아동권리협약의 내용들을 반영하여 아동의 권리 보장과 증진을 위한 국가의 책무를 확인하고 있습니다.

다만, 여전히 아쉬운 점은 많습니다. 현재 우리나라는 아동복지법이 아동과 관련된 기본법으로 해석되고 있습니다. 여타 법들은 아동 연령의 일부만을 대상으로 하지만, 아동복지법은 만 18세 미만의 모든 아동에게 기본적으로 적용될 수 있기 때문입니다. 그러나 아동복지법은 그 법명에서부터 아동의 권리를 복지적 측면에 한정 짓고 있어요. 우리 헌법이 기본권의 일부로 모든 국민은 인간다운 생활을 할 권리가 있고, 국가는 사회보장·사회복지 증진에 노력할 의무가 있음을 제시하였듯이(헌법 제34조 제1항, 제2항), 사회보장을 제공받을 권리는 인권의 한 내용일 뿐, 인권의 기본 원칙일 수는 없습니다. 따라서 아동과 관련한 기본법이라면 '복지법'이라는 한계를 벗어나야 합니다.

가령 영유아는 특히 주변 환경에 상당히 민감하게 반응하는 시기이며, 삶 속에서 마주하는 사람, 공간 및 일상적 경험을 통해 급속하게 성장합니다. 따라서 영유아 또한 감정과 언어적·비언어적 의사 표현의 주체로서 자신과 관련된 상황에 대해 개별적인 욕구를 표현할 권리가 있고, 그 의견들은 정당하게 수용되어야 하는데도 영유아 보육법은 영유아의 참여권 및 의견청취권에 대한 내용을 언급하지 않거든요.

청소년기본법도 마찬가지의 문제를 안고 있습니다. 각 조항 제목에서부터 청소년의 권리를 명시하고 있으나 법 전반에 걸쳐 청소년기 아동의 권리 보장을 위해 국가와 사회가 어떻게 조직되고 기능해야 하는지를 체계적으로 제시하지 않았으니까요. 청소년기본법을 바탕으로 하는 〈청소년복지지원법〉〈청소년활동진흥법〉〈청소년보호법〉 등이 유기적으로 연계되지 않으며, 더욱이 9세 이상인 아동만을 대상으로 함으로써 아동의 개별적 발달 상황이 유연하게 적용될 수 없다는 한계도 있습니다. 또한 청소년의 책임을 추가하여 제시한 부분은 아동인권 보장을 위한 법체계에 어울리지 않는 측면이 있습니다. 책임은 인권 존중의 경험 속에서 자연스럽게 내재화되는 것입니다. 인간은 관계 속에 살아가는 존재로서 인권은 나와 상대방의 공존을 위한 약속이기 때문입니다. 청소년기를 포함한 아동기는 책임을 지기보다는 책임감을 자연스럽게 습득하는 과정이 되어야 합니다.

아동복지법 제2조(기본이념)

① 아동은 자신 또는 부모의 성별, 연령, 종교, 사회적 신분, 재산, 장애유무, 출생 지역, 인종 등에 따른 어떠한 종류의 차별도 받지 아니하고 자라나야 한다.

② 아동은 완전하고 조화로운 인격발달을 위하여 안정된 가정환경에서 행복하게 자라나야 한다.

③ 아동에 관한 모든 활동에 있어서 아동의 이익이 최우선적으로 고려되어야 한다.

④ 아동은 아동의 권리보장과 복지증진을 위하여 이 법에 따른 보호와 지원을 받을 권리를 가진다.

영유아보육법 제3조(보육이념)

① 보육은 영유아의 이익을 최우선적으로 고려하여 제공되어야 한다.

② 보육은 영유아가 안전하고 쾌적한 환경에서 건강하게 성장할 수 있도록 하여야 한다.

③ 영유아는 자신이나 보호자의 성, 연령, 종교, 사회적 신분, 재산, 장애, 인종 및 출생지역 등에 따른 어떠한 종류의 차별도 받지 아니하고 보육되어야 한다.

청소년기본법 제5조(청소년의 권리와 책임)

① 청소년의 기본적 인권은 청소년활동·청소년복지·청소년보호 등 청소년 육성의 모든 영역에서 존중되어야 한다.

② 청소년은 인종·종교·성별·나이·학력·신체조건 등에 따른 어떠한 종류

의 차별도 받지 아니한다.

③ 청소년은 외부적 영향에 구애받지 아니하면서 자기 의사를 자유롭게 밝히고 스스로 결정할 권리를 가진다.

④ 청소년은 안전하고 쾌적한 환경에서 자기발전을 추구하고 정신적·신체적 건강을 해치거나 해칠 우려가 있는 모든 형태의 환경으로부터 보호받을 권리를 가진다.

⑤ 청소년은 자신의 능력을 개발하고 건전한 가치관을 확립하며 가정·사회 및 국가의 구성원으로서의 책임을 다하도록 노력하여야 한다.

생각해봅시다!

아동복지법은 "아동은 만 18세 미만의 사람이다"라고 정의하지만 우리나라는 다양한 법에서 아동을 서로 다르게 정의하고 있습니다. 가끔은 같은 나이에도 다르게 적용될 수 있는 법들이 너무 많아서 어떤 법을 참고해야 할지, 어디에서 정보를 구할 수 있는지, 누가 책임의 주체인지 몰라 혼란스러울 때도 많아요.

예컨대 학생과 관련된 중앙부처는 교육부인데요. 같은 나이여도 학교를 다니지 않으면 '학교 밖 청소년'이라 하여 여성가족부의 정책 대상이 됩니다. 게다가 가정폭력(여성가족부 관할)·아동 학대(보건복지부 관할)·학교폭력(교육부 관할) 또는 이외의 범죄(법무부 관할) 등에 노출된 피해아동에 대한 지원은 사안에 따라 담당부처와 그 규정하는바가 달라지니 이야말로 형식적 행정이 아니라 할 수 없습니다. 뿐만 아닙니다. 어린이집(보건복지부 관할)과 유치원(교육부 관할)에 다니는 만 3~5세 어린이들은 국가표준교육과정으로 누리과정을 공통으로 적용받는데, 어린이집과 유치원을 서로 다른 부처가 관할함에 따라 그 지원 방법과 예산의 출처가 달라집니다. 가령 유아특수교사는 장애영유아의 교육권 보장을 위

■ **우리나라의 법이 규정하고 있는 아동**

법령	정의	내용	관할
아동복지법	아동	18세 미만인 사람	보건복지부
영유아보육법	영유아	6세 미만의 취학 전 아동	보건복지부
청소년기본법	청소년	9세 이상 24세 이하인 사람	여성가족부
아동·청소년 성보호에 관한 법률	청소년	9세 이상 19세 미만의 자 (19세에 도달하는 연도의 1월 1일을 맞이한 자는 제외)	여성가족부
도로교통법	어린이	13세 미만인 사람	경찰청
유아교육법	유아	만 3세부터 초등학교 취학 전까지의 어린이	교육부
초·중등교육법	학생	학교에 재학 중인 학생	교육부
소년법	소년	19세 미만인 자	법무부
민법	미성년자	19세 미만인 사람	–

해 어린이집과 유치원 모두에 필요한 인력임에도, 보건복지부도 교육부도 이들의 배치는 자신의 책임이 아니라고 우깁니다. 가출 청소년의 생활보호와 자립 지원을 위한 쉼터(여성가족부 관할)는 실제 가정 복귀가 쉽지 않은 상황에서 아동양육시설·그룹홈 및 학대피해아동 쉼터 등 아동생활시설(보건지부 관할)과 유사하게 기능하고 있는데도 사실상의 양육에 필요한 적절한 지원이 이루어지지 않고 있습니다.

이처럼 심리적·정서적으로 민감한 상황에 있는 아동에 대한 적절한 배려와 지원이 각 부처 간에 유기적으로 연계되지 못하고 있는 현실과 연령에 따른 정책 적용에 일관성이 없는 우리 법제

는 아동권리 실현에 장애 요소로 작용하고 있습니다. 최근 청소
년 참정권 운동과 함께 아동·청소년인권법 또는 아동기본(인권)
법에 대한 요청도 점차 높아지고 있습니다. 혹자는 아동기본법을
따로 만들면, 장애인기본법, 여성기본법 등도 따로 만들어야 하냐
고 반문합니다. 그러나 문제의 핵심은 아동이라는 인격적 주체에
대한 분절된 시각입니다.

한 시대의 사회적·역사적 환경에 따라 인권의 내용이 달라질
수는 있지만, 인권을 향유하는 주체는 달라질 수 없습니다. "존
재하는 모든 인간의 권리는 동등하게 존중받아 마땅하다"는 보
편적 인간의 가치 아래 아동 역시 성인과 다르지 않은 고유한 인
격적 주체성을 인정받아 마땅하다는 것입니다. 더욱이 아동이라
는 이유만으로 권리 행사가 제한되는 현실인데, 장애가 있는 아
동, 여성 아동, 성소수자 아동, 난민·무국적 또는 이주 상황에 있
는 아동, 부모가 부재한 아동, 노동하는 아동, 빈곤 아동, 법을 위
반한 아동 등 특별히 더 취약한 상황에 있는 아동을 위한 정책은
모든 아동의 인권 보장을 위한 일관된 정책에 더하여 더욱 민감
하게 고려되어야 마땅합니다.

필요에 따라 누더기처럼 만들어진 현행 법체계와 각 부처가 적
당히 나누고 떠넘긴 관련 정책들은 사실상 아동을 우선순위로
고려하지 않는 정부의 입장을 반증하는 것이 아닐까요?

둘째 시간

아동이 행복하고
건강한 사회

건강하게 출생하여 행복하고 안전하게 자라자

#출생등록 #입양

출생등록은 살아 있음을 인정하는 것이다

많은 분들이 "출생신고? 그건 아이들이 태어나면 으레 하는 거잖아?"라고 생각하실 겁니다. 사람이 죽으면 사망신고를 해서 그가 더 이상 이 세상 사람이 아님을 알리듯이 우리는 누군가 태어나면 그 것을 알리기 위해 출생신고를 하고, 모두가 이 절차를 당연하게 여깁니다. 그런데 정말 그럴까요? 잠시 다음의 판결문을 보세요. 판결문 속의 모 씨는 자녀가 태어났는데도 출생신고를 하지 않아 아동이 의료서비스를 비롯해 적절한 혜택을 받을 수 없게 했습니다. 부모로서의 의무를 다하지 않은 거죠. 이에 법은 모 씨에게 그 책임을 묻고 형을 선고하였습니다.

"출생신고는 사회구성원으로서 교육, 보건의료, 사회보장 등 공적서비스와 법적인 보호를 받을 수 있는 기본적이고 필수적인 요소이며 아동의 정체성과 존재를 인정하여 사회 전반에 걸친 관심과 보호의 대상으로 편입하는 사회적 의미의 인간으로 겪는 첫 관문으로서, 출생신고가 이루어지는 것은 아동에게 주어진 권리라고 할 것인데, 피고인이 피해아동에 대한 출생신고조차 하지 않고 피해아동을 돌보지 않아 피해아동이 기본적인 의료혜택조차 받지 못하도록 방임한 점, … 주문과 같이 형을 정한다(인천지방법원 2016.6.9. 선고 2015고단6538 판결)."

아동에 관한 기본법으로 고려되는 우리나라 아동복지법은 제1조에 "이 법은 아동이 건강하게 출생하여 행복하고 안전하게 자랄 수 있도록 아동의 복지를 보장하는 것을 목적으로 한다"고 밝히고 있습니다. 우리가 여기서 나누게 될 첫 번째 이야기는 그중 아동의 행복한 삶을 위한 출발점에 대한 것입니다.

출생등록의 의미

아동인권에 대한 국가의 의무는 아동이 태어나는 순간부터 발생합니다. 그러나 국가의 의무 이행도 아동의 출생 사실을 알게 된 후에야 비로소 시작될 수 있습니다. 아무리 아동 관련 제도가 잘 구축되어 있더라도, 아동의 존재 사실 자체를 알 수 없다면 모든 게 무용지물이 될 테니까요. 따라서 출생등록은 아동이 인권을 제대로

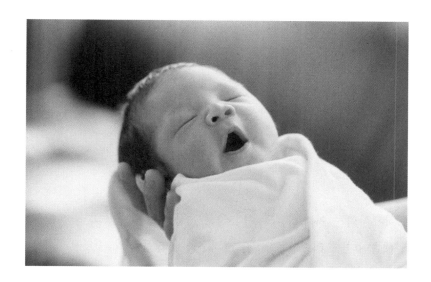

보장받기 위한 필수 조치입니다. 만약 출생등록이 되어 있지 않다면 아동은 아래와 같은 다양한 어려움들을 겪을 수 있습니다.

■ 여든이 넘은 할머니와 함께 사는 A라는 아이가 있습니다. 할머니가 일하러 가시면 항상 하루 종일 집에 혼자 남아 있어야 했던 A는 빨리 여덟 살이 되어 읍내로 학교를 다니게 되기를 손꼽아 기다렸는데요. A는 출생등록이 되어 있지 않아 여덟 살이 되어도 학교를 다닐 수 없었습니다.

■ B는 태권도를 매우 좋아합니다. 열심히 배워서 얼른 승급심사에 합격하고 싶었습니다. 그런데 B는 태권도 승급시험을 볼 수 없다고 합니다. 출생등록이 안 된 B는 존재를 증명할 수 없는 사람이기 때문에, 국가가 주최하는 시험을 볼 수 없다는 이유였습니다.

■ C는 작은 시골 마을에 살고 있는 생후 4개월 된 영아입니다. 어느 날, 부모님은 C의 예방접종을 위하여 마을 보건지소를 찾아갔습니다. 그런데 보건소는 의료보험 전산망에서 C가 누군지 확인할 수 없다며, 예방접종을 해주지 않았습니다. 보건지소는 여기저기 전화를 해보고, 면사무소에도 물어본 며칠 뒤에야 우선 예방접종을 해줄 테니 다시 찾아오라고 합니다.

국제사회는 이미 오래전부터 출생등록에 대한 아동의 권리를 확인했습니다. 그리고 각 인권조약기구는 출생등록의 중요성과 당사국 제도 내에서 모든 아동의 출생등록을 보장하기 위해 고려되어야 할 구체적인 내용들을 다음과 같은 일반논평을 통해 여러 차례 강조한 바 있습니다.

시민적·정치적 권리에 관한 규약 제24조

2. 아동은 누구나 출생 직후에 등록되고 이름을 가져야 한다

◆ **유엔인권위원회 채택 《일반논평》 제17호(1989)**

출생 직후 의무적으로 출생등록되어야 한다는 것의 주목적은 아동의 납치, 노예, 매매, 또는 협약에 명시된 권리를 온전히 향유할 원칙에 어긋나는 기타 부적절한 대우가 발생할 위험을 감소시킴에 있다.[*]

---

[*] Human Rights Committee, *General Comment* No.17, 1989, HR/GEN/1/Rev.8, para.7.

유엔아동권리협약 제7조

1. 아동은 출생 후 즉시 등록되어야 하며, 이름과 국적을 가져야 하고, 가능한 한 부모가 누구인지 알고 부모에 의해 양육 받아야 한다.

2. 당사국은 국내법 및 관련 국제문서상의 의무에 따라 아동이 이러한 권리를 누릴 수 있도록 보장해야 하며, 국적 없는 아동의 경우 보다 특별한 보장을 해야 한다.

◆ **유엔아동권리위원회 채택 《일반논평》 제7호(2006)「영유아기 아동권리 이행」**
출생등록은 모든 아동이 생존 및 발달을 위한 사회서비스에 접근하고 서비스를 적용받기 위한 첫 번째 단계로서(제6조), 본 위원회는 모든 아동의 출생등록을 보장하기 위한 모든 필요한 조치를 취할 것을 당사국에 권고한다. 이는 모두에게 접근가능하고, 무료이며, 보편적이고, 잘 관리되는 등록 시스템을 통해 달성될 수 있을 것이다.[**]

◆ **유엔아동권리위원회 채택 《일반논평》 제9호(2007)「장애아동의 권리」**
장애아동은 출생 시에 등록되지 않을 가능성이 매우 높다. 출생등록이 안된 아동은 법으로 인정되지 않으며, 정부통계에도 집계되지 않는다. 미등록은 시민권 취득 및 사회·건강서비스와 교육에 대한 접근 등과 관련하여 인권 향유에 심각한 결과를 초래한다. 출생 시 등록되지 않은 장애아동은 방치되거나 시설수용, 심지어 사망에 처할 위험이 높다.[***]

[**]   Committee on the Rights of the Child, *General Comments* No. 7, 2005, CRC/GC/7/Rev.1, para.25

[***]   Committee on the Rights of the Child, *General Comments* No. 9, 2006, CRC/GC/9/para.35.

◆ 유엔아동권리위원회 채택 《일반논평》 제10호(2007) 「소년사법에서의 아동권리」

위원회는 모든 아동이 출생 후 즉시 등록되어야 한다고 요구한 협약 제7조의 완전한 이행을 통해 어떻게든 소년사법이 적용되는 연령 상한선을 정하는 것이 중요하다는 사실을 강조한다. 출생일을 입증할 자료가 없는 아동은 가족, 일상적인 일, 교육과 노동 등과 관련하여 온갖 형태의 학대와 불평등에 매우 취약하며, 이는 소년사법제도 내에서도 마찬가지이다. 모든 아동은 자신의 나이를 증명할 필요가 있을 때 언제라도 출생증명서를 무료로 제공받을 수 있어야 한다. 나이를 입증할 증거가 없을 때에는, 아동은 자신의 나이를 확인시켜 줄 신뢰할 수 있는 의학적·사회적 조사를 받을 자격이 있으며, 증거들이 상충되거나 결정할 수 없을 경우에는 아동에게 유리한 해석을 받을 권리를 보장받아야 한다.[*]

아동의 출생등록은 그 자체로 아동의 권리입니다. 아동이 살아 있다 한들 공적 체계가 이 사실을 인지하지 못한다면 납치, 아동매매, 불법 입양 또는 학대와 폭력 예방을 위한 사회적·법적 안전망의 보호를 받을 수 있는 가능성이 극히 낮아집니다. 앞서 살펴본 것처럼 적절한 의료 조치를 받지 못하거나, 의무교육에 접근할 권리도 행사할 수 없게 됩니다. 그 뿐 아니라 연령·친부모 등의 신원을 확인할 수 없는 탓에 성인과 다른 사법절차(소년사법)를 적용받을 권리, 군 징집에서 제외되는 등 전쟁 상황으로부터 보호받을 권리, 가능한 한

---

[*] Committee on the Rights of the Child, *General Comments* No. 10, 2007, CRC/GC/10/para.39.

친부모를 알고 친부모와 함께 살 아동의 기본적 권리 또한 적용받기 어려워집니다.

영화 〈가버나움〉에서는 출생 기록이 없는 아이들이 겪는 참담한 현실이 그려집니다. 자신의 생일도 정확하게 모르는 약 12-13세의 자인은 자신이 집안의 생계를 돕기 위해 일을 하는 동안 또래 아이들은 학교를 오가는 것을 물끄러미 바라봅니다. 미등록 이주민으로 신분을 위장하여 살고 있는 라힐의 자녀 요나스 또한 아무도 그 존재를 모릅니다. 라힐이 단속에 걸려 돌아올 수 없게 된 이후, 라힐의 부탁으로 요나스를 돌보던 자인은 버티고 버티다 더 이상 요나스를 홀로 돌볼 수 없어 어쩔 수 없이 시장 상인에게 요나스를 부탁합니다. 그러나 그는 요나스를 인신매매하려고 하였죠. 한편 자인의 여동생 사하르는 이제 막 생리가 시작된 10대 초반의 나이에 부모의 강요로 나이 많은 남성과 결혼하였는데, 너무 어린 나이에 임신한 까닭에 과다 출혈이 발생한 상황에서도 병원에 가지 못해 사망하였습니다. 사하르가 사망했다는 사실을 알게 된 자인은 사실

■ 출생신고와 출생등록은 어떻게 다를까?

출생등록이란 출생이 공적 장부에 기록되는 것을 말합니다. 신고와 등록의 차이점은 신고의 주체는 개인이지만, 등록의 주체는 국가 등 공적기관이라는 것입니다. 우리나라에서는 원칙적으로 부모의 출생신고를 통해 자녀의 가족관계등록부에 '출생등록'이 이루어집니다. 유엔아동권리협약 이행을 위한 당사국의 책무는 아동의 개별적 상황을 불문하고 모든 아동이 차별 없이 기본적 인권을 향유할 수 있도록 보장하는 데 있습니다. 즉, 부모가 출생신고를 하지 않은 경우에도 태어난 모든 아동이 출생등록될 수 있도록 역할을 다하여야 한다는 뜻이지요. 따라서 이 책은 가능한 한 출생등록이라는 용어를 사용했습니다. 아동인권 실현을 위한 1차적 요건은 공공의 책무성 강화이기 때문입니다.

■ 소년사법

아동이 범죄를 저질렀거나 그런 것으로 의심될 때 성인과 같은 형사 절차를 적용하는 것이 아니라, 아동의 특징을 고려한 다양한 교육의 기회를 제공함으로써 아동의 회복과 반성, 사회 복귀를 지원하는 제도입니다. 아동기는 다양한 경험과 학습을 통해 성장하는 과정입니다. 소년사법은 스스로의 행위를 이해하고, 사회 구성원의 역할을 학습할 기회를 제공받아야 한다는 아동의 권리를 보장하기 위한 제도입니다.

상 사하르를 죽게 만든 원인이 된 성인 남성을 칼로 찌릅니다. 그 누구도 자인의 정확한 나이는 알 수 없었지만, 앳된 외모와 치아 발달 정도로 미루어 자인은 소년재판을 받을 수 있었습니다. 출생의 기록, 출생등록이 되었다면, 이 아이들의 삶은 조금은 달라지지 않았을까요? 한 사람이 인간된 삶을 살아가기 위하여, 출생등록은 너무도 중요한 시작점입니다.

출생등록이 이루어지려면*

누구에게나 출생 직후 등록될 권리가 있다

유엔아동권리협약과 시민적·정치적 권리에 관한 규약이 명시하고 있는 바와 같이 출생등록은 출생 후 즉시, 출생 직후immediately after birth 이루어져야 합니다. 이때, '즉시'란 단어의 사전적 정의와 출생등록의 취지에 비추어 생각해보면 아동의 출생등록은 가능한 한 빠르게, 며칠 이내의 기한을 두고 이루어져야 한다는 뜻입니다.

그러나 때로 우리 법원은 가족관계등록부에 대한 공공의 신뢰가 출생신고의 시급성보다 중요하다는 견해를 보이기도 합니다. 태어난 아동의 이름을 정하지 못해 법이 정하는 한 달이라는 출생신고 기한 내에 신고를 못 하는 경우도 적지 않습니다. 그러나 이를 아동 중

---

* 이하의 내용은 UNICEF, *Implementation Handbook for the Convention on the Rights of the Child Fully Revised Third Edition*, 2007, pp.97-112를 참고하여 작성하였음을 밝힙니다.

심적 관점에서 고려한다면, 가능한 한 빨리 한 사람의 존재가 기록될 수 있도록 하고, 추후 이름 등 필요한 정보를 정정할 수 있도록 허용되는 것이 마땅하지 않을까요? 출생등록은 곧 '살아 있음에 대한 인정'이며, 이 인정은 남은 생애에 지속적으로 영향을 미치는 첫 단계이기 때문입니다.

　정부가 시행하는 영유아 대상 예방접종의 경우를 볼게요. 예방접종은 아동의 생명과 직결되는 문제입니다. 그런데 만약 어떤 영유아가 이런저런 이유로 출생등록이 늦어졌다는 이유로 병원 측에서 "출생등록이 안 되었으니 예방접종을 할 수 없다"고 한다면요? 상식적으로 생각할 때 말이 되지 않습니다. 행정상의 절차가 살아 숨 쉬는 아이의 건강, 인권보다 중요하게 간주되는 거잖아요. 출생등록에 대하여 아동 최상의 이익을 고려한다면, 신속성이 진실 여부를 확인하는 것보다 우선되어야 하지 않을까요?

아동은 자기 정체성을 확인할 권리가 있다

유엔아동권리협약 제7조 제1항 후단에 비추어보면, 출생등록은 최소한 아동의 성명, 성별, 출생일, 출생지, 부모의 성명 및 주소, 부모의 국적에 대한 정보를 포함해야 합니다.

　〈유엔아동권리협약〉 제7조 제1항
　아동은 출생 후 즉시 등록되어야 하며, 이름과 국적을 가져야 하고, 가능한 한 부모가 누구인지 알고 부모에 의해 양육받아야 한다.

부모에 대한 명확한 정보야말로 아동을 양육하는 것에 대한 부모 공동의 1차적 책임을 확인할 수 있게 해주거든요. 아동은 가능한 한 부모와 함께 자랄 수 있어야 하는데, 이때 자신의 출생에 대한 구체적인 정보는 아동이 고유한 인격적 주체로서 갖는 정체성identity 에 대한 권리 보장을 위한 요청이기도 합니다.

출생등록은 누구나 접근 가능하도록 보편적으로 운영되어야 한다

출생등록 제도는 가능한 한 완전히 무료로 운영되어야 합니다. 비용 부담이 출생등록을 방해하는 이유가 되어서는 안 되기 때문입니다. 또한 국가는 출생등록을 할 수 있는 관공서까지의 물리적 거리가 부담스러운 농어촌 거주자, 자유로운 이동이 불편한 장애인, 관공서 운영시간에 방문이 어려운 맞벌이 부부, 미등록 이주민 등 특정 부모가 출생등록에 곤란함을 겪지 않도록 '혁신적이고 활용 가능한 방안'을 모색해야 할 의무를 집니다.

예를 들어볼까요? 모리셔스 공화국Republic of Mauritius에서는 출생신고가 늦어지는 경우를 위해 핫라인hotline을 운영하고 있으며, 브루나이 다루살람Brunei Darussalam에서는 아예 이동식 출생등록소를 운영하고 있습니다.* 이외에도 네덜란드령 앤틸리스 제도Netherlands Antilles는 출생 등록을 하는 미등록 이주민들에게 3개월의 유예기간을 인정하고 있습니다.

* UNICEF, *Implementation Handbook for the Convention on the Rights of the Child*, 2007, pp. 101.

나아가 국가는 출생 즉시 등록되지 못한 경우라면, 가능한 한 빠르게 출생등록을 할 수 있도록 조치를 취하고, 미등록 상태에서도 아동이 차별 없이 보건, 보호, 교육과 같은 사회복지서비스를 제공받을 수 있도록 보장해야 합니다. 즉, 태어난 모든 아동의 출생등록에 대한 권리는 보편적 출생등록 제도하에 실현될 수 있다는 뜻이지요.

현행 출생신고 제도의 한계

그들은 왜 출생등록을 포기했을까?

출생등록은 한 생명이 이 세상에서 삶을 시작하는 첫 단계입니다. 아동의 삶에 매우 중요한 문제이지요. 그런데 정말 놀랍게도 우리 사회에도 여전히 출생등록이 안 된 아이들이 많답니다. 출생등록이 되지 않아 사회복지서비스와 의료 조치를 받지 못해 사망하기도 하고, 국가교육제도에서 배제되어 발달권을 보장받지 못하는 경우도 있습니다.

지난 2017~2018년, 충격적인 사건들이 연이어 보도된 적이 있습니다. 20대 엄마가 영아의 시신을 가방에 넣어 모텔에 버린 사건, 친모가 아기를 방치한 채 가출하여 결국 아기가 사망한 사건, 엄마가

아래 QR코드를 스캔하면 신문에 소개된 기사 전문을 읽을 수 있습니다.

「영아시신 모텔유기 20대 엄마…왜?」
(2018.05.08. 노컷뉴스)

「구미 원룸서 숨진 채 발견 20대 남자·아기 '부자지간 아니다'」
(2018.07.10. 연합뉴스)

「유령처럼 18년 살아온 소녀…교육·의료 혜택 못 받아」
(2017.03.14. 연합뉴스)

남편과 이혼하지 않은 상태에서 다른 남자와 동거하던 중 출산한 자녀를 출생신고하지 않아 열여덟 살이 되도록 학교도 가보지 못하고 유령처럼 살아온 소녀의 이야기 등이 바로 그것입니다.

출생신고는 결국 부모의 몫이다

앞에서 소개한 것처럼, 출생 사실이 등록되지 않아 공적 보호 체계에서 누락된 몇몇 아동들의 사례에는 공통점이 있습니다. 모두 "부모가 출생신고를 하지 않았다"는 것입니다.

우리나라 〈가족관계의 등록 등에 관한 법률〉(이하 가족관계등록법)을 보면 출생등록을 위한 출생신고의 의무는 부모에게 있습니다. 부모의 혼인 중 태어난 아이의 경우엔 부모 양측이 모두 출생신고를 할 수 있고, 혼인 관계가 아닌 사이에서 태어난 아이는 모만 출생신고를 할 수 있습니다. 부모가 출생신고를 할 수 없는 경우에는 동거하는 친족이나 출산에 관여한 의사 등이 출생을 신고할 수 있다고 되어 있지만, 실제로 부모가 원하지 않는 상황에서 친족이나 의사가 출생신고를 하는 경우는 상정하기 어렵습니다. 결국 부모가 '적극적으로' 출생신고를 하려 하지 않을 경우, 태어난 아이를 공적으로 확인할 방법은 없는 셈입니다.

가족관계등록법은 개정되었지만, 여전히…

2016년 5월 29일에 개정된 가족관계등록법은 신고의무자인 부모가 한 달 이내에 출생신고를 하지 않아 자녀의 복리가 위태롭게 될 우려가 있을 때 검사 또는 지방자치단체장이 직권으로 출생신고를 할 수 있도록 보완되었습니다. 앞서 소개한 '유령 소녀'의 사례가 바로 검사 직권으로 출생신고를 할 수 있었던 경우인데요. 복잡한 법 적용을 어려워할 수밖에 없는 일반인을 대신하여 검사나 지방자치단체장 같은 공적 주체가 보다 빠르고 명확하게 출생등록을 할 수 있게끔 법을 개선한 것입니다.

그러나 문제는 남아 있습니다. 이때도 역시 '우연'이 개입하지 않는 한, '태어났으되 출생등록이 되지 않은 아동의 존재'를 검사나 지방자치단체장이 확인할 수 있는 길이나 그 절차가 부재하기 때문이에요. 즉, 부모가 아이의 출생을 직접 알려오거나 우연히 출생신고가 되지 않았다는 사실을 발견하는 것이 아니라면 공적 주체들이 존재하는 모든 아동의 출생등록 여부를 확인할 수는 없다는 뜻입니다.

가족관계등록법 제46조(신고의무자)

① 혼인 중 출생자의 출생의 신고는 부 또는 모가 하여야 한다.

② 혼인 외 출생자의 신고는 모가 하여야 한다.

③ 제1항 및 제2항에 따라 신고를 하여야 할 사람이 신고를 할 수 없는 경우에는 다음 각 호의 어느 하나에 해당하는 사람이 각 호의 순위에 따라 신고를 하여야 한다.

　1. 동거하는 친족

　2. 분만에 관여한 의사·조산사 또는 그 밖의 사람

④ 신고의무자가 제44조제1항에 따른 기간 내에 신고를 하지 아니하여 자녀

의 복리가 위태롭게 될 우려가 있는 경우에는 검사 또는 지방자치단체의 장이 출생의 신고를 할 수 있다. 〈신설 2016.5.29.〉

미션 임파서블한 출생등록도 있다

미혼부도 출생신고를 할 수 있을까?

2018년 6월 베이비뉴스에 「미혼부 출생신고 개선해주세요 준이아빠 사연, 청와대까지」라는 제목의 기사가 실렸습니다. 26개월 된 아들을 홀로 키우고 있는 미혼부가 아들의 출생신고를 하지 못해서 겪는 어려움을 호소하는 내용이었는데요. 사연의 주인공은 두 번이나 출생신고를 시도했지만 모두 실패했다고 합니다. 그래서 아들은 어린이집에 갈 수 없었고, 아빠는 아이를 돌보느라 일을 할 수 없어서 주거와 생계에 큰 어려움을 겪고 있다는 내용이었습니다.

앞에서 혼인 외 출생자의 출생신고는 모만 가능하다고 했지요? 하지만 부도 출생신고와 동일한 효력을 갖는 인지신고를 할 수 있습니다.

문제는 인지신고서에 적어야 하는 정보가 구체적인 것들이라는 점입니다. 모가 혼외자로 출생신고를 하는 경우에는 부의 인적 정보를 기재하지 않아도 출생신고를 할 수 있습니다. 그러나 인지신고서는 모의 성명, 주민등록번호 및 등록기준지 모두를 기재하게 되어 있는데, 친부가 친모의 인적 사항을 이 정도로 구체적으로 알고 있는 경우는 거의 없습니다. 자신의 등록기준지를 모르고 지내는 경우도 많은데, 하물며 다른 사람의 등록기준지까지 알고 지내는 사람이 과연 몇이나 될까요?

물론 방법이 없지는 않습니다. 첫째, 법원에 모에 대한 인지청구소송을 제기하고 모의 인적 정보를 알 법한 기관에 사실조회 또는 문서제출명령을 신청하여 모의 주민등록번호와 등록기준지를 알아내는 방법이 있습니다. 이후 부는 직접 인지신고서를 작성할 수 있겠죠. 둘째, 아동을 부모의 존재를 확인할 수 없는 기아棄兒로 보아 법원에 성과 본을 새롭게 만드는 허가(성과 본의 창설 허가)를 받고, 허가받은 성과 본을 내용으로 하는 새로운 가족관계등록부를 만들어도 된다는 허가(가족관계등록 창설 허가)까지 받아 출생을 등록(가족관계등록 창설 신고)하는 것이죠. 이렇게 출생등록이 된 이후에는 생부가 인지신고를 할 수 있고, 성과 등록기준지를 정정할 수도 있습니다. 다만, 두 번째 방법에서는 가족관계등록부를 창설함에 있어 미성년자인 아동의 법률상 대리인이 필요한 결과, 특별대리인 또는 후견인 선임이라는 부수적인 절차가 요구되는데요. 이렇듯 모가 출생신고를 하지 않는한, 부가 출생신고를 하기란 너무나 어려운 실정입니다.

■인지신고가 뭐지?
혼인 외의 출생자에 대하여 생부 또는 생모가 자기의 자子라고 인정함으로써 법률상의 친자관계를 발생시키는 행위입니다.

■등록기준지가 뭐죠?
가족관계등록부를 전산상 관리하는 지역을 뜻합니다. 예전 호적이 있는 사람은 종전 호적의 본적을 등록기준지로 하고, 그렇지 않은 경우는 가족관계등록법에서 정한 규칙에 따라 새로 정할 수 있습니다. 원칙적으로 자녀는 성과 본을 따르는 엄마 또는 아빠의 등록기준지를 따르게 됩니다.

사랑이법

이러한 문제의식에 따라 2015년 11월 19일부터 시행된 제도가 소위 '사랑이법'입니다(가족관계등록법 제57조 제2항). 부가 모의 인적 사항 3종을 알지 못하는 경우에도 출생신고를 할 수 있는 방법이 마련된 것인데요. 이 제도가 도입된 지 2년 반이 지난 현재, 법원의 판결은 종종 엇갈리고 있습니다. 일부 법원에서 모의 성명·주민등록번호·등록기준지를 전부 모를 때에만 해당 규정이 적용될 수 있다고 해석하는 상황이거든요.

사실 상식적으로 이해가 잘 안 되는 부분입니다. 현재 상황이야 어찌 되었든 이전에 관계가 있었던 사람이고, 아이를 출산해서 맡기고 떠난 사람이잖아요. 이런 정도라면 대개 상대방의 이름 정도는 알고 있지 않을까요? 게다가 전 국민의 약 99퍼센트가 아이를 병원에서 출산하는 오늘날, 아이의 탄생을 증명하는 출생증명서 등에 친모의 이름과 연락처가 기록으로 남지 않을 수 없습니다. 따라서 모든 아동은 태어난 즉시 출생등록되어야 할 권리를 가진다는 데 비춰볼 때 이 같은 일부 법원의 해석은 아동 최상의 이익의 원칙에 명백히 반하는 결정입니다.

가족관계등록법 제57조(친생자출생의 신고에 의한 인지)

① 부가 혼인 외의 자녀에 대하여 친생자 출생의 신고를 한 때에는 그 신고는 인지의 효력이 있다. 〈개정 2015.5.18.〉

② 모의 성명·등록기준지 및 주민등록번호를 알 수 없는 경우에는 부의 등

록기준지 또는 주소지를 관할하는 가정법원의 확인을 받아 제1항에 따른 신고를 할 수 있다. 〈신설 2015.5.18.〉

③ 가정법원은 제2항에 따른 확인을 위하여 필요한 사항을 직권으로 조사할 수 있고, 지방자치단체, 국가경찰관서 및 행정기관이나 그 밖의 단체 또는 개인에게 필요한 사항을 보고하게 하거나 자료의 제출을 요구할 수 있다. 〈신설 2015.5.18.〉

아버지가 아버지가 되지 못하는 민법, 친생자추정의 문제

A는 B라는 남성과 C라는 여성 사이에서 태어났습니다. 그런데 C에게는 현재 법률상의 배우자(혼인신고한 남편)가 따로 있어요. 현행법상 C가 A의 출생신고를 하면 A는 가족관계등록부에 C와 그 배우자의 자녀로 기록됩니다. 그런데 C는 A의 친부가 아닌 사람이 아빠로 기록되는 것을 반대하는 입장인 데다가 한편으로 지금의 법적 배우자인 남편에게 이 사실을 알릴 수 없다며 출생신고를 거부하고 있습니다. 이런 상황에서 A의 출생신고는 어떻게 해야 할까요?

또 다른 난관도 있습니다. "아내가 혼인 중에 임신한 자녀는 남편의 자녀로 추정한다"고 정하고 있는 민법 제844조 제1항, 곧 '친생자추정' 규정 때문입니다. 대법원 가족관계등록예규 제412호 출생신고에 관한 사무처리 지침 제7조는 "혼인 중의 여자가 다른 남자와의 사이에서 출생한 자녀는 친자관계에 관한 재판을 거치지 않고 다른 남자의 자녀로 출생신고를 할 수 없다"고 규정하고 있어요. 즉, C는 원칙적으로 B를 A의 아빠로 출생신고할 수 없으며, B를 A의 아빠로 지정하려면 매우 복잡한 과정을 거쳐야 한다는 뜻입니다.

얼마나 복잡한지 한번 볼게요. 고난의 행군은 A에 대한 C의 출생신고부터 시작됩니다. 어찌어찌 출생신고를 마쳤다 해도 안심할 수 없어요. 출생신고를 한 뒤, C 또는 C의 남편이 서로를 상대로 친생부인親生否認의 소訴를 제기해야 하거든요.(남편이 A를 상대로 친생부인의 소를 제기할 수도 있습니다.)

B는 친생부인 확정판결이 나온 뒤에야 비로소 A에 대한 인지신고를 할 수 있게 됩니다. 혹은 C가 A의 법정대리인으로서 B를 대상으로 인지청구의 소를 제기할 수도 있습니다. 말이 너무 어렵지요? 쉽게 풀어서 설명하면 이렇습니다.

임신을 하고 배가 불러오는 엄마는 '출산'이라는 사실 자체로 친엄마라는 것이 인정됩니다. 하지만 아빠는 유전자검사를 하지 않는 한, 친자 여부를 확실하게 알기 어렵죠. 그래서 우리 법은 '친생자 추정'이라는 규정을 두었습니다. 결혼을 하고, 혼인신고를 해서, 법적으로 부부 관계를 인정받은 두 사람 사이에 태어난 아이라면 별도의 증명 없이 남편의 친자식으로 인정한다는 것이죠. 법적으로 엄연히 아빠가 있는데, 생부가 아빠가 될 수는 없을 것입니다. 이 추정은 매우 강력해서, 남편이 아이의 친아빠가 아니라는 것을 인정받으려면 법원에 소송까지 제기해야 합니다. 바로 '친생부인의 소'입니다.

민법 제846조(자의 친생부인)

부부의 일방은 제844조의 경우에 그 자가 친생자임을 부인하는 소를 제기할 수 있다.

제847조(친생부인의 소)

① 친생부인親生否認의 소訴는 부夫 또는 처妻가 다른 일방 또는 자子를 상대로 하여 그 사유가 있음을 안 날부터 2년 내에 이를 제기하여야 한다.
② 제1항의 경우에 상대방이 될 자가 모두 사망한 때에는 그 사망을 안 날부터 2년 내에 검사를 상대로 하여 친생부인의 소를 제기할 수 있다.

'친생자관계 없음을 확인한다'는 법원의 결정이 없는 한 태어난 자녀의 아빠는 법적으로 엄마의 남편입니다. 부부가 이혼한 뒤에도 부자 관계는 변하지 않습니다. 법적으로 엄연히 아빠가 있는데, 생부가 아빠가 될 수는 없겠지요.

그럼 친생부인의 소에서 확정판결을 받은 경우를 살펴볼까요? 앞서 생부가 인지신고를 할 수 있다고 했습니다. 자녀의 가족관계등록부에 엄마의 남편이 아니라, 생부가 부로 기록될 수 있다는 의미입니다. 그런데 생부가 인지신고를 안 하면요? 인지신고는 누가 대신할 수도, 강제할 수도 없습니다. 이 경우에는 자녀가 '저 사람이 나의 아빠임을 확인해줄 것'을 법원에 청구하는 '인지청구의 소'가 필요합니다.

민법 제863조(인지청구의 소)

자와 그 직계비속 또는 그 법정대리인은 부 또는 모를 상대로 인지 청구의
소를 제기할 수 있다.

이 소송의 확정판결문을 들고 주민센터에 방문을 하면, 가족관계
등록부의 부에 대한 내용을 정정할 수 있지요. 그러나 또 다른 문
제가 있습니다. 우리 법상 만 19세 미만의 미성년자는 홀로 소송행
위를 할 수 없습니다. 대부분의 경우 법에 따른 판단은 소송당사자
(원고/피고, 신청인/피신청인, 청구인/피청구인)에게 특정 행위를 하라는
의무를 부과하기 때문에 아직 발달과정에 있고 경제적으로 자립할
수 없는 아동은 이로부터 보호받아야 한다는 것이 그 까닭입니다.

즉, 엄마와 같은 법정대리인이 소송을 대신
하고, 법적 의무를 대신 부담하도록 하라는
것이죠.

하지만 많은 경우, 앞서 제시한 이유와 유
사한 사정 때문에 어머니는 출생신고를 원
치 않습니다. 물론 이 상황을 아동방임으로
보아 경찰과 법원의 강제력을 동원할 수도
있지만, 출생등록은 가능한 한 빠르게 이루
어져야 한다는 원칙과 함께 친부 B가 아빠
로 인정될 수 있는 방법도 고민하게 됩니다.
B는 A에 대한 C의 남편의 친생추정이 깨져

■인지청구의 소
부모가 혼인신고를 하지 않은 관계
에서 태어난 자녀의 경우 자녀와
부 또는 모의 관계를 법적으로 인
정받기 위한 절차가 필요합니다. 미
혼모의 자녀로 출생신고된 아동을
아빠가 인지하거나, 미혼부의 자녀
로 출생신고된 아동을 엄마가 자발
적으로 인지한 경우라면, 인지신고
를 하고 행정기관이 그 신고를 수
리함으로써 법률상 부자관계·모자
관계가 인정됩니다. 하지만 그렇지
않은 경우에는 법원의 확인이 필
요합니다. 인지청구의 소란 자녀가
'이 사람이 나의 부모임을 법률상
인정해줄 것'을 가정법원에 청구하
는 소송입니다.

야 인지청구를 할 수 있는 상황이니까요. 그런데 친생부인의 소는 법률상 부부인 남편 또는 아내만 제기할 수 있습니다. 게다가 소송을 제기하고자 하는 사람이 자녀가 친자식이 아니라는 사실을 알게 된 때로부터 2년이 지났다면 소송도 제기할 수 없습니다. 만약 부부가 둘 사이의 자녀가 아니라는 사실을 알게 된 때로부터 2년이 지나도 소송을 제기하지 않는다면, 현재의 가족 관계를 유지하겠다는 의사로 보겠다는 취지입니다. 친생부인의 소는 진실한 가족 관계를 등록하기 위한 목적도 있지만, 안정적인 가족 환경을 지속하는 것도 중요하게 여기기 때문입니다. 이 경우, 생부가 아동의 친아빠임을 확인받을 수 있는 길은 영원히 없어집니다. 즉, C와 그 배우자가 적극적으로 친생부인을 하지 않는 이상, B가 A의 친부로 기록될 수 있는 방법은 없습니다.

결국 출생등록이 불가능한 사안은 아닙니다. 그러나 출생신고, 친생부인의 소, 인지신고 또는 인지청구의 소 등등 긴긴 재판 과정을 거치는 동안 당사자인 아동의 공적 기록은 계속하여 공백 상태입니다. 어떻게 되었든 나중에라도 무사히 출생등록이 되면 다행이지만, 절차의 복잡함과 번거로움이나 법률 지식의 부족, 혹은 소송에 수반되는 경제적 비용 및 부모의 개인적 사정 등을 이유로 출생신고를 시도하지 않을 경우, 아동은 앞에서 소개한 소녀처럼 '유령'으로 살아야 합니다.

우리나라의 출생신고 제도는 과연 아동의 존재를 고려하고 있는 걸까요? 정말 아동을 위한 출생신고 제도라 할 수 있을까요?

출생증명의 절차가 흔들린다면?

A는 남성 B와 여성 C의 혼인 중 태어났습니다. B는 C가 산후조리원에 있을 때 혼자 주민센터를 방문하여 A의 출생신고를 했습니다. 그러나 B와 C는 A가 두 살이 되었을 즈음 이혼을 결정했고, A는 아빠인 B가 키우기로 합의했습니다. 그런데 문제는 A가 B의 친자식이 아니었다는 사실입니다. 우연한 계기로 A와의 친자관계를 의심하게 된 B는 유전자 검사를 통해 A가 자신의 친자식이 아님을 확인했고, 법원의 친생자관계부존재확인판결을 받아 가족관계등록부를 정정하게 됩니다. 이에 따라 A의 가족관계등록부는 사라졌습니다. 우리나라에서 개인의 신분을 증명하기 위한 가족관계등록부는 출생신고와 함께 창설되는데, 이 경우 최초의 출생신고 자체가 '무효'인 신고였기 때문입니다. A는 현재 열다섯 살이고, 아동복지시설에서 생활하고 있습니다. 엄마인 C와는 연락이 닿지 않습니다. A는 어떻게 출생신고를 할 수 있을까요?

A의 공적 기록은 '폐쇄'로 남아 있습니다. 친생자관계부존재확인판결이 확정되기 전까지 이름과 주민등록번호가 살아 있던 가족관계등록부는 사라진 셈입니다. 이제 B는 새롭게 출생신고를 해야 하는데, 현재 시점에서 B의 출생신고 의무자는 어머니인 C입니다. 만약 C와 계속 연락이 되지 않아 출생신고가 되지 않은 상태가 길어짐으로써 A의 복리가 위태롭게 될 우려가 있는 경우에는 검사 또는 지방자치단체장이 직권으로 출생신고를 할 수도 있습니다.

다만, C 또는 검사나 지방자치단체장이 출생신고를 하려면 반드시 B를 출산할 당시 병원이 발급한 출생증명서가 필요합니다. 검사와 지방자치단체장은 출생신고 서류를 작성하고 출생신고서를 구청에 제출하러 가고자 하는 적극적인 의지가 없는 부모의 역할을 대신하는 것이기에 출생증명서가 필요한 것이지요. 그런데 C와 계속 연락이 닿지 않아 출생증명서를 찾을 길이 없습니다. 우연한 계기로 B가 XX병원에서 태어났다는 정보를 입수했지만, 그 병원은 이미 5년 전에 문을 닫았다고 합니다. 우여곡절 끝에 C를 찾는다 해도 C도 출생증명서를 갖고 있지 않으면요? 이때에는 C와 A의 혈연관계를 증명하여 가정법원에 A의 출생확인을 신청해야 합니다. 출생증명서가 없는 경우에는 가정법원이 확인한 출생확인서를 첨부하여 출생신고를 해야 하기 때문입니다.

많은 어려움이 있겠지만 어쨌든 그 자체가 불가능한 일은 아닙니다. 다만 여기서 문제를 제기하고 싶은 부분은 '출생증명서가 공적으로 관리되고 있지 않다는 점'입니다. 출생신고를 하려면 무조건 출생증명서가 필요합니다. 가족관계등록법 제44조(출생신고의 기재사항) 4항을 보면 "출생신고서에는 의사나 조산사가 작성한 출생증명서를 첨부하여야 한다"고 되어 있습니다. 출생증명서는 아동의 이름, 출생 일시, 출생 장소 및 친모와의 관계를 증명하는 서류이기 때문입니다. 이처럼 중요한 기록 문서임에도 불구하고, 그것을 보관하는 책임이 오롯이 부모 개인에게만 있다는 것은 옳지 않습니다. 출생증명서를 잃어버리면 다시 그 병원을 찾아가야 하는데, 해당 사례처럼 병원이 없어지기라도 하면 영영 출생신고 필수 첨부 서류를 찾을 수 없게 되잖아요? 이럴 경우, 일반인들은 좀처럼 접근하기가 쉽지 않은 법원까지 가서 나와 자녀의 혈연관계를 증명받아야 하고, 그런 다음에야 비로소 출생신고를 할 수 있다니! 아무리 생각해도 어딘지 비상식적으로 보입니다.

그렇다면 병원이 발급하는 출생증명서를 공적 데이터로 보관하는 것은 어떨까요? A와 같이 출생신고를 다시 해야 하거나 뒤늦은 출생신고를 하게 되는 경우, 이런 데이터가 보관되어 있다면 신속한 출생등록이 이루어질 수 있을 테니까요. 검사나 지방자치단체장의 직권으로 출생신고를 할 경우에도 C의 소재를 찾아 헤매지 않고 이 자료를 활용할 수 있습니다.

한 사람의 출생에 대한 최초의 증명인 출생등록은 예측할 수 없는 주관적·객관적 상황에 휘둘려서는 절대 안 됩니다. 가장 정확한 사실이 가장 빠르게 기재될 수 있어야 합니다. 한 사람이 이 세상에서 삶을 시작했다는 최초의 기록인 출생증명을 위해 관계자의 명확한 역할분담과 책임의식, 아동인권에 대한 인식 증진이 필요한 지금입니다.

이주아동의 출생등록

C는 ○○시 대학병원에서 태어나 보육원으로 보호조치되었습니다. C의 친모는 아시아의 어느 나라에서 온 이주여성이었다고 해요. 병원은 친모의 국적과 이름만 알고 있었고, 병원에 남겨진 주소와 연락처는 더 이상 친모의 것이 아니었습니다. 병원이 구청에 C의 보호

조치를 의뢰하면서 C의 친모를 찾기 위한 경찰 수사도 시작되었으나 2년이 지나도록 친모를 찾지 못한 채 수사는 중단된 상황입니다. 이 상황에서 C의 출생신고는 어떻게 해야 할까요?

　기아棄兒란 부모를 알 수 없는 유아乳兒로서 부모라는 출생신고 의무자가 없거나 찾을 수 없는 경우를 말합니다. 가족관계등록법은 기아에 대한 출생신고 절차를 별도로 정하고 있습니다. 즉, 기아 발견 사실을 통보받은 시장·구청장은 기아 발견 조서를 작성하고, 그 등본을 첨부하여 가정법원에 기아의 성·본 창설허가를 신청해야 합니다. 성·본 창설허가를 받은 이후에는 가족관계등록부를 창설하여, 아동의 출생신고를 할 수 있습니다. 만약 기아로 인정되어 성·본 창설을 한 이후에 부모를 알게 된 경우라면, 추후 정정할 수 있습니다.

가족관계록법 제52조(기아)

① 기아棄兒를 발견한 사람 또는 기아발견의 통지를 받은 국가경찰공무원은 24시간 이내에 그 사실을 시·읍·면의 장에게 통보하여야 한다.

② 제1항의 통보를 받은 시·읍·면의 장은 소지품, 발견장소, 발견연월일시, 그 밖의 상황, 성별, 출생의 추정연월일을 조서에 기재하여야 한다. 이 경우 그 조서를 신고서로 본다.

③ 시·읍·면의 장은 〈민법〉 제781조 제4항에 따라 기아의 성과 본을 창설한 후 이름과 등록기준지를 정하여 등록부에 기록하여야 한다.

그렇다면 사례에서 C는 기아로 출생신고를 할 수 있을까요? 친모의 신원이 불명확하고 그 소재도 파악할 수 없으니 기아의 정의에는 해당할 것 같습니다. 그런데 출생등록과 관련된 일체의 절차를 정하는 가족관계등록법이 그 목적에서 "국민의 출생·혼인·사망 등 가족관계의 발생 및 변동사항에 관한 등록과 그 증명에 관한 사항을 규정함을 목적으로 한다"고 정하고 있는 부분이 문제가 되었습니다. 즉, C의 친부는 모르지만 친모는 대한민국 국민이 아니라는 점, 그리고 국민이 아니기 때문에 가족관계등록법이 적용될 수 없다는 것, 외국인의 출생등록은 자국법에 따라야 한다는 점, 우리나라에서는 적법한 외국인등록번호가 있을 때만 출생신고할 수 있다는 것으로 미루어볼 때, 결국 C는 기아 출생신고 대상이 아니라고 결론 내려진 것입니다.

그러나 출생등록은 당사국의 관할권 내에 있는 모든 아동에게 적용되어야 마땅합니다. 더욱이 본 사례처럼, 친모의 국적을 알고 있다 한들 장기간의 수사에서도 친모를 발견하지 못한 상황인데 과연 본국에 출생등록을 요구할 수 있을까요? 우리나라에서 C의 출생등록은 정말로 해당 사항이 없는 걸까요? 아동 최상의 이익의 관점에서 보다 적극적인 법 해석은 정말 불가능한 걸까요?

또 하나, 지적하고 싶은 부분은 아주 제한적이긴 해도 C의 친모에 대한 정보가 남아 있다는 것입니다. 친모의 국적, 이름 외에도 병원 관계자나 주소지 이웃 주민들의 진술을 받아 일부 특징을 기록할 수 있을 것입니다. 만약 부모를 알 수 없는 경우로 판단되어 C의

성과 본을 새롭게 창설하게 된다면, 친모에 대한 이런 기록들은 과연 어디에 남겨지는 걸까요? 법원 재판 기록에는 "부모가 없다"거나 "부모가 누구인지 모른다"는 점만 기록될 테니, C의 가족관계등록부에는 가족에 대한 정보가 있을 수 없습니다. 물론 C가 태어난 병원의 진료 기록, C를 보호하며 출생신고 절차를 함께한 보육원 등의 아동카드 등에는 남아 있을 수도 있을 겁니다. 그러나 그 기록이 언제까지고 보존될 것이라고는 그 누구도 장담할 수 없어요. 혹여 먼 훗날 C가 자신의 가족을 찾고자 하며, 나의 최초의 출발점을 알고자 하더라도 이를 뒷받침할 수 있는 공적 기록을 찾아볼 수 없게 된다는 뜻입니다. 한 사람의 인생에 매우 참담한 결과를 초래하는 조처이지요.

부모에 대한 정보는 출생등록을 하는 데 필요한 기본 요건입니다. 하지만 당장의 행정 서류에 필요한 부모의 모든 인적 정보를 알 수 없다고 해서 출생등록 자체를 할 수 없게 만드는 법 조항, 그리고 출생등록을 한다고 해도 출생등록 그 자체만을 목적으로 하여, 그나마 남아 있는 아동과 그 부모에 대해 확인할 수 있는 일부의 정보를 소홀히 관리하는 현실은 정말 괜찮은 걸까요? 아동의 관점에서, 당사자의 시각에서 생각해봅시다. 아동이 성장하면서 나는 누구일까, 나는 어디에서 왔을까, 나의 부모는 누구이며, 그들에겐 어떤 사정이 있었던 걸까… 이런 것들을 알고 싶어지지 않을까요? 출생등록은 인권입니다. 따라서 '절차' 이전에 '사람'이 있음을 기억해야 합니다.

생각해봅시다!

최근 몇 년간 우리나라는 국제사회로부터 현행 출생신고 제도를 개선할 것을, 보편적 출생등록 제도를 도입하여 모든 아동의 출생등록권리를 보장할 것을 반복하여 권고받고 있습니다. 더욱이 2019년은 유엔아동권리위원회의 제5-6차 심의를 앞두고 있는 상황임에도, 2011년 제3-4차 심의에서 권고 받은 내용들에 대해 달라진 부분이 거의 없습니다. 국민이 아닌 사람의 출생등록은 사실상 불가능하고, 베이비박스에 유기된 아동은 부모의 존재를 확인할 길이 없습니다. 미혼모에 대한 사회적 편견도 여전합니다.

2011년, 유엔아동권리위원회의 대한민국 정부에 대한 권고

위원회는 대한민국의 현행 법률 및 관습이 어떠한 상황에서도 생물학적 부모가 보편적으로 출생신고하도록 규정함에 있어 불충분하다는 것을 우려한다. 특히, 청소년 미혼모 관련 상황을 포함, 적절한 사법감시가 부재한 상황에서 사실상의 입양이 일어날 수 있다는 점을 염려한다. 더 나아가, 난민과 망명희망자, 비정규 이주 상황에 있는 사람에게는 출생신고가 실제적으로나 지속적으로 이용 가능하지 않다는 점도 우려한다. 협약 제7조에 합치되도록, 위원회는 부모의 법적 지위나 출신에 상관없이 모든 아동의 출생이 등록되도록 조치를 취할 것을 촉구한다. 위원회는 또한 대한민국이 출생등록 과정에 아동의 생물학적 부모가 정확히 명시되도록 보장하고 이를 확인하도록 촉구한다.[*]

2015년, 유엔 시민적·정치적권리 위원회의 대한민국 정부에 대한 권고

위원회는 대한민국에서 외국인들이 자녀의 출생을 등록하기 위해서는 자국 대사관에 가야 하며, 이는 주로 난민 신청자, 인도적 체류자격 보유자 혹은 난민에게는 불가능한 방법이라는 사실에 주목하며 우려를 표한다. 대한민국 정부는 아동의 출생등록이 부모의 법적 상태, 그리고 출신국과 무관하게 모든 아동들에게 허용되도록 보장해야 한다.^{**}

2017년, 유엔 경제적·사회적·문화적권리 위원회의 대한민국 정부에 대한 권고

위원회는 출생등록을 포함한 사회보장제도가 외국인을 배제하고 있는 것에 대하여 우려를 표한다. 위원회는 대한민국 정부가 부모의 지위에 관계없이 아동의 보편적 출생등록을 보장할 것을 촉구한다.^{***}

---

*   CRC/C/KOR/CO/3-4/paras.36-37
**   CCPR/C/KOR/CO/4/paras.56-57
***   E/C.12/KOR/CO/4/para.26-27

2018년, 유엔 여성차별철폐 위원회의 대한민국 정부에 대한 권고

위원회는 대한민국에 보편적이며 의무적인 출생등록제도가 없는 결과 미등록 이주여성, 특히 미등록인 미혼 이주여성의 자녀가 무국적자가 될 위험에 놓이는 점, 이는 미혼모에 대한 성차별적 사회적 낙인을 지속한다는 점, 나아가 국회가 사회적 합의 부재를 이유로 외국인 부모의 자녀를 등록하는 법안 채택에 실패한 점을 우려한다. 위원회는 외국인 부모가 아동을 등록할 수 있도록, 병원 및 의료전문가에 의한 출생신고 의무를 포함한 필요한 법, 절차를 도입하고 시행할 것을 권고한다.[*]

출생등록 제도를 아동권리적 관점에서 바라보면, 여기저기서 제도의 허점이 보입니다. 사실 우리나라의 출생신고 제도는 부모가 해야 할 일에 불과했어요. '자녀를 낳으면 당연히 하는 일'이라는 인식만 공유했을 뿐 출생신고가 되지 않거나 출생신고를 아예 할 수 없는 경우에 대한 고려는 너무도 부족했습니다.

출생신고의 핵심은 '모든 사람의 존재를 증명하는 것'입니다. 출생신고는 단순히 주민등록을 하고 가족관계등록부를 만드는 것처럼 공적 장부를 관리하는 데만 의미가 있는 게 아닙니다. 이것은 기본적 인권의 문제입니다. 살아 있는 존재임을 온전히 존중받기 위한 시작점입니다. 따라서 국가는 이토록 중대한 인권을 보장하기 위해 최선을 다해 노력해야 마땅합니다. 부모가 기꺼이 출

[*] CEDAW/C/KOR/CO/8/para.34-35

생신고 의무를 다할 수 있도록 적극적으로 지원하고, 부모가 출생신고를 원치 않을 경우에는 공적 주체가 그 역할을 수행할 수 있도록 철저히 준비해야 합니다. 부모의 움직임과 관계없이 아동의 존재 자체를 확인할 수 있는 제도 도입도 물론 필요하고요.

병원이 아이의 출생 사실을 가족관계등록 관서에 알리는 출생통보 제도가 도입된다면, 이를 돕는 역할을 할 수 있을 것입니다. 병원이 발행하는 출생증명서를 국가가 공적 데이터로 보관한다면, 출생등록 이전에 아동의 신분을 증명하기 위한 기초 자료가 확보될 수 있는 것입니다. 나아가 국내에 유입되는 이주민이 점점 늘어나고 있는 오늘날, 한국 국적을 갖지 않은 아동의 출생등록과 이들의 권리 보장 또한 적극적으로 논의해야 합니다. 이들 역시 살아 있는 인간이며, 기본적 인권의 주체니까요. 여러 사회복지 시스템을 구축하는 것과 이에 소요되는 예산을 논하며 갑론을박하기 전에, 세상 한복판에 놓인 아동의 인권을 최우선으로 고려해야 할 것입니다.

정리해봅시다

우리나라는 출생신고 또는 가족관계등록 창설 신고가 없으면 출생등록을 할 수 없습니다. 누군가 반드시 '신고'를 해야 하는데, 그 신고의무는 부모, 본인 또는 법정대리인이라는 '개인'에게 있습니다. 아주 예외적인 경우에만 검사와 지방자치단체장이 출생신고를 할 수 있을 뿐입니다. 그나마 위와 같은 절차도 아동의 '한국 국적'이 인정된 경우에만 진행될 수 있다는 더 큰 전제를 가집니다.

그러나 '보편적 출생등록 제도'는 모든 아동의 존재를 공적으로 기록하는 제도를 의미합니다. 그래서 호주나 뉴질랜드는 병원이 아동의 출생 사실을 행정기관에 통보하도록 하였습니다. 이후 부모가 출생신고를 했는지 안 했는지 기록상에서 확인할 수 있겠지요. 독일은 병원과 부모 모두에게 출생신고 의무가 있습니다. 즉, 아동이 병원에서 출생한 경우 보다 빠르게 출생신고가 된다는 것이죠. 영국이나 태국, 이탈리아는 국적과 관계없이 자국에서 태어난 모든 아동의 출생등록을 인정합니다.

아동의 출생등록, 그 소중한 권리의 의미를 이해한다면, 우리나라 역시 변해야 하지 않을까요?

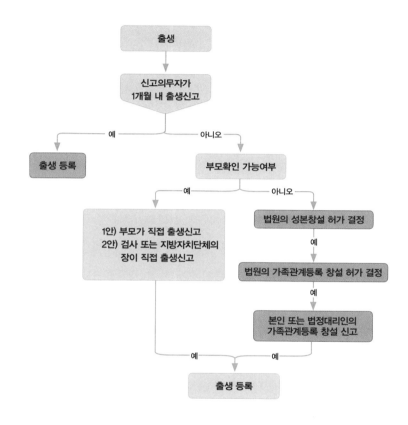

출생등록에 이르는 과정[*]

---

[*] 김상원·김희진, 「아동인권 보장을 위한 출생등록 제도 개선방안」, 『한국아동복지학』(65), 2019, 57~88쪽.

입양아동의 권리와
국가의 책무

#입양특례법 #입양숙려제 #아동을 위한 입양제도

입양의 비극

2017년 내외뉴스통신에 올라온 기사 하나를 볼게요. 「입양 쇼핑에 희생된 4살 은비의 비극」이란 제목의 기사입니다. 은비의 엄마는 막 17세가 된 미혼모였어요. 혼자 아이를 키우며 생계를 유지하기 위해 일을 해야 했던 은비의 엄마는 일 때문에 은비를 제대로 돌볼 수 없었어요. 그래서 고민 끝에 당시 17개월 된 은비를 입양원에 맡기게 되었습니다. 은비가 더 행복한 삶을 살기를 바라면서요. 그러나 은비는 첫 번째 입양전제위탁 이후 4개월 만에 입양원으로 돌려보내졌고, 두 번째 찾은 입양전제위탁가정에서 학대를 받은 후 2016년 10월 29일 사망했습니다.

또 다른 사건도 있었습니다. 2016년 9월, 경기도 포천시에서 **입양한 여섯 살짜리 딸을 학대해서 숨지게 한 혐의로 한 입양부모가 구속되었습니다.** 부부는 학대 행위를 숨기기 위해 시신을 불태워 훼손하기까지 했습니다. 이들은 범죄 사실을 은닉하기 위해 "소래포구 축제

장에서 딸을 잃어버렸다"고 거짓 신고를 했으나 결국 범행이 발각되었습니다.

여러분은 위의 두 사건을 보고 어떤 생각을 하셨나요? 친부모와 함께 살 수 없다는 사실만도 가슴 아픈데, 입양을 전제로 한 위탁부모나 입양부모에게까지 학대를 받다가 결국 사망한 아이들이 있다니, 정말 마음이 아픕니다. 하지만 우리는 슬퍼하고 분노하는 것에서 나아가, 문제의 원인을 살펴볼 필요가 있습니다. 국가가 제공하는 보호조치 중 하나인 입양이 그 과정 전반에서 너무도 허술하게 관리되고 있었던 현실을 말입니다.

아래 QR코드를 스캔하면 비극적인 사건을 다룬 기사 전문을 읽을 수 있습니다.

「입양 쇼핑에 희생된 4살 은비의 비극」 (2017.11.20. 내외뉴스통신)

「6세 입양딸 학대해 살해한 뒤 시신 불태운 양어머니에 무기징역 확정」 (2017.08.23. 조선일보)

이후 2018년 1월 16일 국회에서는 '대구·포천 입양아동 학대·사망사건 진상조사 결과를 중심으로 입양아동 학대·사망 사건 후 정책변화와 과제 토론회'가 열렸고, 〈입양특례법〉 전부개정안이 그 대안으로 제시되었습니다.

그런데 위 토론회 직후, 청와대 홈페이지에는 "남인순 의원의 입양특례법 전부개정 제안은 전면 재고再考되어야 한다"는 내용의 국민청원이 제기되었습니다. 개정안은 입양을 어렵게 하여 아동의 가정에서 성장할 권리를 박탈하는 결과를 초래하며, 미혼모·빈곤가정 등 원가정 지원을 위한 대책을 마련하기 이전에 개정안을 시행하는 것은 아동과 친생부모 모두의 생존을 위협한다는 것이 이유였습니다. 입양부모 또한 문제를 제기합니다. 보다 엄격해진 입양제도가 입양부모를 잠재적 범죄자 취급하며, 특히 입양아동의 친생부모가 입양정보공개를 청구할 수 있도록 하는 개정안은 입양부모의 권리를 침해하는 것이라는 의견이었어요.

입양특례법 개정안에 대한 논란을 마주하며 저는 입양제도의 목적을 생각해보게 되었습니다. 입양제도는 누구를, 무엇을 위하여 존재하는 걸까요? 이렇게 질문하면 입양부모와 입양기관 모두 아동의 인권이라고 이야기합니다. 이렇게 모두가 알고 있는 것처럼, 입양제도는 입양되는 아동을 보호하기 위해 마련된 것입니다. 무엇보다 아동은 입양의 직접 당사자이며, 입양은 아동의 삶에 중대한 영향을 미치는 사건입니다. 따라서 이번에는 여러분과 함께 입양을 둘러싼 아동의 인권 문제를 생각해보고 싶습니다.

먼저 국제사회가 제시하는 입양의 의미부터 확인해보고자 합니다. 아동의 인권을 보장하기 위해 입양제도에서 반드시 고려되어야 할 원칙은 무엇인지, 어떻게 운영되어야 할지 살펴본 후, 현행 입양제도와 개정안의 내용을 간략하게 훑어보면서 아동 중심적 관점에서 입양제도를 고려해보고자 합니다. 또 이와 관련하여 입양특례법과 함께 계속적으로 언론에 보도되고 있는 베이비박스의 문제도 함께 짚어볼까 합니다.

가족적인 환경에서
행복하게 성장하는 것은 아동의 권리다

가정은 아동이 세상에 태어나 마주하는 최초의 사회이자 아동의 성장·복지·보호를 위한 기본 환경입니다. 특히 나이가 어릴수록 가정에서 보내는 시간은 절대적이라 할 만큼 중요한데요. 이는 가정에서 보내는 시간이 아동의 발달에 있어 누적적이고 중대한 영향력을 미치기 때문입니다. 그래서 안정적인 가정환경이 아동의 인권 보장에 특히 중요하다고 강조하는 것이지요. 유엔아동권리협약이 그 전문에서부터 가정의 의미를 확인하고 있는 것과, 아동복지법이 "아동은 완전하고 조화로운 인격발달을 위하여 안정된 가정환경에서 행복하게 자라야 한다(제2조 제2항)"고 명시하고 있는 것도 같은 맥락이랍니다.

유엔아동권리협약 전문 중

"가정은 사회의 기본적인 집단이며 특히 아동의 발달과 행복을 위한 천연의 환경이므로 공동체 안에서 가정이 본연의 책임을 다할 수 있도록 보호와 도움을 받아야 함을 확신한다. 조화로운 인격발달을 위해 아동은 가족적인 환경과 행복, 사랑과 이해 속에서 성장해야 함을 인정한다."

물론 부모로 구성된 가족 환경이 언제나 당연한 것은 아닙니다. 우리는 임신한 청소년, 미혼부와 미혼모, 경제적 빈곤, 부모의 장애 및 질병, 원치 않는 임신 등 현실적으로 가정 내 양육이 어려운 경우를 어렵지 않게 찾아볼 수 있습니다. 또 아동 학대 등의 이유로 부모와 함께 사는 가정이 오히려 안전하지 않은 경우도 있습니다. 하지만 아동인권 보장을 위한 국가의 최우선적 의무는 '아동의 원가정child's own family이 본래의 기능을 할 수 있도록 지원하는 것'에 있습니다. 가능한 한 자신이 태어난 가정에서 낳아준 부모와 함께 살며 성장하는 것은 아동의 소중한 권리이기 때문입니다. 그러므로 국가는 가정이 제 기능을 할 수 있도록 적절한 지원을 제공해야 합니다. 즉, 아동의 친부모가 아동을 양육할 수 있도록, 쉽게 양육을 포기하지 않고 적절한 양육 방법을 찾아 실천할 수 있도록 도와야 합니다. 어려움에 빠진 부모의 문제점을 상담해주고, 각각의 가정에 필요한 적절한 교육을 제공하고, 먹고사는 일 때문에 양육을 포기하지 않도록 경제적으로 지원해야 합니다. 즉, 국가 주도의 다양한 정책적 지원이 우선되어야 합니다.

물론 적절한 지원이 제공되는 경우에도 원가정이 아동 보호의 역할을 다하지 못하는 경우도 있습니다. 부모가 사망했거나 부모를 알 수 없고 찾을 수 없는 경우도 있을 것입니다. 이럴 때에는 다음의 조치가 필요합니다. 바로 유엔아동권리협약 제20조에도 언급된 것같이, 국가가 나서 아동 보호를 위한 대안적 방안을 마련하는 것인데요. 2009년 유엔총회에서 결의된 아동의 대안양육에 관한 지침역시 가족·지역사회·문화 환경 내에서 완전한 인권을 보장받을 권리의 주체자인 아동의 지위를 확인하며, 부모의 돌봄을 받지 못하거나 받지 못할 위험에 처한 아동의 권리 보장에 가장 적합한 조치를

취할 국가의 의무를 명시한 바 있습니다.[*]

유엔아동권리협약 제20조

1. 일시적 또는 영구적으로 가정을 박탈당했거나 아동에게 이롭지 않은 가정환경으로 인해 가정으로부터 분리된 아동은 국가로부터 특별한 보호와 원조를 부여받을 권리가 있다.
2. 당사국은 국내법에 따라 이러한 아동을 위한 대안적 보호방안을 확립해야 한다.
3. 이러한 보호는 위탁양육, 회교법의 카팔라(Kafalah, 빈곤아동·고아 등을 위한 회교국의 위탁양육방법), 입양, 필요한 경우 적절한 아동보호시설에서의 양육까지를 포함한다. 양육방법을 모색할 때는 아동이 지속적으로 양육될 수 있는가 하는 점과 아동의 인종적·종교적·문화적·언어적 배경을 중시해야 한다.

입양제도는 그러한 대안적 조치 중 하나입니다. 가능한 한 원래의 부모와 함께 생활하는 것이 가장 좋겠지만, 부득이한 경우에는 대안이 필요하다는 것, 이때도 집단으로 생활하는 시설보다는 가급적 가족적인 환경에서 생활하는 것이 아동에게 더 긍정적이라는 단계적 결정에 따른 조치인 셈인데요. 이른바 '아동의 권리를 존중·보호·실현하기 위한 국가의 공적 책무 이행' 중 하나입니다.

---

[*] A/RES/64/142

〈유엔아동권리협약〉 제21조

입양제도를 인정하는 당사국은 아동 최선의 이익을 가장 중요하게 고려되도록 보장해야 하며 또한,

가. 아동입양은 적용 가능한 법과 절차에 따라 관계당국에 의해서만 허가되어야 하며, 적절하고 신뢰할 수 있는 정보에 기초하여야 한다. 관계당국은 부모나 친척, 후견인과 관련된 아동의 상황을 고려하여 입양 허용 여부를 결정하고, 필요한 경우 입양에 관련된 사람이 상담을 거쳐 정보에 입각한 동의를 할 수 있도록 보장해야 한다.

나. 아동의 위탁양육자 또는 입양가족을 찾지 못했거나 모국에서는 적절한 방법으로 보호할 수 없는 경우, 해외입양이 아동양육의 대안으로 고려될 수 있음을 인정해야 한다.

다. 해외입양아동도 국내입양아동에게 적용되는 보호조치와 기준을 동등하게 누릴 수 있도록 보장해야 한다.

라. 해외입양의 경우 양육지정이 입양관계자들에게 부당한 금전적 이익을 주는 결과가 되지 않도록 모든 적절한 조치를 취해야 한다.

마. 적절한 상황이 되면 양자 또는 다자간 약정이나 협정을 체결해 본 조의 목적을 촉진하며, 그러한 체계 안에서 해외에서의 아동 양육지정이 관계당국이나 기관에 의해 이루어지도록 보장해야 한다.

구체적으로 유엔아동권리협약 제21조는 입양되는 아동의 관점에서 그들의 욕구와 필요를 최우선적으로 고려해야 하며, 이를 위해 공적 기관이 입양 절차 전반을 담당함으로써 아동의 안전을 보장할

것을 확인했습니다. 즉, 아동의 연령과 개별적 특성을 고려하여 입양의 적절성을 검토하되 입양아동의 심리적·정서적 안정을 중심으로 필요한 조치를 취해야 하고, 그 결정은 중앙부처, 지자체 또는 법원 등 공공의 기관이 충분하고 신뢰할 수 있는 정보를 바탕으로 해야 하며, 결정 이후에도 지속적인 검토 과정 및 입양 가정에 필요한 지원을 제공할 수 있어야 한다는 것이지요.

앞서 문제가 되었던 소위 '입양전제위탁'이라는 것을 예로 들어볼게요. 입양전제위탁은 입양이 법적으로 결정되기 전부터 입양부모와 아동이 서로 익숙해지고, 적응하는 것이 서로에게 더 좋다는 취지에서 이루어지고 있었는데요, 만약 정말로 아동의 입장에서 생각한다면 무조건 입양부모의 집으로 이동해서 생활하는 것보다는 입양 전에 살고 있던 기존 환경에서 서서히 변화를 받아들이도록 준비하는 것이 필요하지 않을까요? 입양부모가 횟수와 시간을 점차 늘려가며 아동과 소통하는 방법을 학습하고, 아동 또한 입양부모와의 관계를 형성하며 자신에게 다가올 변화를 받아들일 수 있도록 말입니다. 이때, 공공 기관은 여전히 아동 보호에 일차적 책임을 부담하는 주체로서, 입양부모와 아동의 상호 관계를 모니터링하며, 보다 실질적인 조언과 판단을 할 수 있을 것입니다.

한편, 헤이그국제아동입양협약은 국제입양으로 국가를 이동하는 아동의 인권을 보호하고, 입양을 목적으로 하는 유괴·인신매매 등을 방지하기 위한 절차와 요건을 규정하고자 채택된 국제 협약입니다. 이 또한 역시 입양은 아동의 가장 근본적인 권리를 존중하고 아동 최상의 이익 보장을 위해 이루어져야 한다는 것, 이를 위해 원가정 보호 및 국내입양 우선의 원칙, 나아가 입양의 전 과정을 담당하는 공적 기구의 역할이 어떠해야 하는지 명시하고 있는데요. '아동 최상의 이익에 대한 고려'와 함께 '입양에 대한 국가의 공적 책무'는 국제사회에서 거듭 강조되고 있는 입양제도의 주요 원칙이며, 이는 국내법에도 분명하게 제시되어 있습니다.

아동복지법 제4조(국가와 지방자치단체의 책무)

③ 국가와 지방자치단체는 아동이 태어난 가정에서 성장할 수 있도록 지원하고, 아동이 태어난 가정에서 성장할 수 없을 때에는 가정과 유사한 환경에서 성장할 수 있도록 조치하며, 아동을 가정에서 분리하여 보호할 경우에는 신속히 가정으로 복귀할 수 있도록 지원하여야 한다.

입양특례법 제3조(국가 등의 책무)

① 모든 아동은 그가 태어난 가정에서 건강하게 자라야 한다.

② 국가와 지방자치단체는 아동이 그가 태어난 가정에서 건강하게 자랄 수 있도록 지원하고 태어난 가정에서 자라기 곤란한 아동에게는 건강하게 자랄 수 있는 다른 가정을 제공하기 위하여 필요한 조치와 지원을 하여야 한다.

입양특례법 제4조(입양의 원칙)

이 법에 따른 입양은 아동의 이익이 최우선이 되도록 하여야 한다.

입양특례법 전부개정안은 어떻게 달라졌나요?*

원가정 지원의 원칙

현행 입양특례법은 2011년 8월 4일, 친생부모가 아동을 직접 양육할 수 있도록 충분한 상담 및 양육 정보를 제공하도록 하는 규정과, 입양 동의는 아동의 출생일로부터 일주일이 지난 후 이루어질 수 있도록 하는 **입양숙려제**入養熟慮制를 새롭게 도입했습니다. 이는 아동 최상의 이익 실현을 목적으로 하며, 유엔아동권리협약 및 헤이그국제아동입양협약 등 국제사회가 거듭 확인하고 있는 입양제도의 제1원칙입니다.

하지만 현행 제도가 원가정 양육 우선의 원칙을 적극 실천하고 있는지는 여전히 의문입니다. 입양은 부모 및 아동 모두의 인생에 있어 중차대한 결정인데요, 입양을 고민하는 친부모에게 입양에 대해 생각하고 결정할 시간을 고작 일주일밖에 주지 않는다는 것은 쉽게 납득되지 않는 부분입니다. 이혼을 결정할 때에도 특별한 사정이 없으면 1개월, 임신 중인 경우를 포함하여 미성년 자녀가 있을 경우 3개월이라는 이혼숙려기간을 거치도록 하는 마당에 일주일이라는 이 기간은 과연 천륜이라

> **■입양숙려제**
> 아동의 출생 전부터 이뤄질 수 있었던 친부모의 입양 동의를 아동이 출생한 지 일주일이 지나야 가능하도록 규정한 제도입니다. 이 밖에도 ▷숙려기간 중에는 친생부모가 아동을 보호하는 것을 원칙으로 하고 ▷입양 결정 전 충분한 상담을 제공하며 ▷친생부모나 한부모가 직접 양육하기를 원할 경우 전문기관과 연계해 지원할 것 등을 규정하고 있습니다.

---

* 이하의 내용은 소라미, 「대구·포천 입양아동 사망 사건 진상조사 결과를 바탕으로 한 입양특례법 전부 개정 제안」, 『입양아동 학대·사망 사건 후 정책변화와 과제 토론회 자료집』, 2018, 53~71쪽을 참고하여 작성하였음을 밝힙니다. 본문에 제시되는 개정안은 의안번호 2017053로 2018년 12월 5일, 남인순 의원 대표발의로 제안된 입양특례법 전부개정법률안입니다.

는 부모와 자식의 관계를 결정하는 입양을 숙고하는 데 얼마나 도움이 될까요? 아니, 입양보다는 친생부모가 아동을 직접 양육하겠다고 결정하는 데 있어 실질적으로 얼마나 큰 도움을 줄 수 있을까요? 체코의 입양숙려기간은 6주, 필리핀의 입양숙려기간은 3개월입니다. 입양숙려기간 중에는 원칙적으로 친생부모가 아동을 양육할 수 있도록 공적 지원이 제공됩니다. 이에 개정안은 친생부모가 아동을 정말로 입양 보낼 것인지 충분히 생각하고 고민할 수 있도록, 입양숙려기간을 확대하여 30일로 제시하고 있습니다. 입양이 이 아이에게 더 좋은 선택이라고 확신하는지, 아동을 정말로 입양 보낼 것인지 친부모가 충분히 생각하고 고민할 시간이 필요하다는 것을 반영한 결과입니다.

■ 현행법과 그 개정안의 입양숙려기간

절차	현행법		개정안
입양숙려기간	7일	⇨	30일

■ 보건복지부, 입양아동 발생 유형

연도	국내입양				국외입양			
	계	미혼모아동	유기아동	결손가정등	계	미혼모아동	유기아동	결손가정등
2015	683	618 (90.5%)	54 (7.9%)	11 (1.6%)	374	358 (95.7%)	16 (4.3%)	–
2016	546	481 (88.1%)	18 (3.3%)	47 (8.6%)	334	327 (97.9%)	2 (0.6%)	5 (1.5%)
2017	465	417 (89.7%)	23 (4.9%)	25 (5.4%)	398	397 (90.5%)	–	1 (0.3%)

보건복지부가 공개한 입양 현황 통계를 보면, 국내외 아동 입양 모두 미혼모가 출산한 아동이 90퍼센트 가량입니다. 압도적으로 큰 비중을 차지하지요. 앞서 이야기한 은비의 엄마 역시 미혼모였습니다. 아이와 함께 먹고살기 위해 노력했으나 방법을 찾을 수 없어 그만 돌이킬 수 없는 비극을 초래하게 된 거잖아요. 여전히 우리나라에 미혼모의 자녀 양육을 지원하는 시스템에 구멍이 많다는 것을 보여주는 사례였습니다.

앞의 입양 현황 통계를 보며 생각해봅시다. 부모가 아이에 대한 소중한 의무를 포기하지 않도록 지원하는 내용에 대한 정보들은 충분히 전달되고 있는 걸까요? 국가 및 지방자치단체의 지원 정책이나 연계 가능한 지역사회서비스 등은 미혼모의 자립과 아동 양육에 실질적인 도움이 되도록 운영되고 있나요? 미혼모에 대한 우리 사회의 높은 편견의 벽을 감안하더라도, 통계가 보여주는 실태는 이를 부정합니다. 가능한 한 친부모와 함께 태어난 가정에서 살아 마땅한 아동의 권리, 이를 위한 정부 정책에 대한 재고再考가 시급하다고 강조하는 까닭입니다.

입양은 공적인 책무다

현재 우리나라에서는 사실상 민간 기관이 입양의 전 과정을 담당하고 있습니다. 민간 입양기관이 입양 신청을 받고, 입양을 희망하는 친생부모에 대한 상담을 실시하고 관련 정보를 제공하며, 아동의 입양 필요성 및 입양부모를 결정합니다. 이에 〈입양특례법〉 개정안은 입양 신청 및 결정을 공적 기관(지방자치단체 및 보건복지부)에서 담당하도록 제안합니다. 또한 입양 신청 이후 숙려기간을 30일로 늘려 원가정 지원 원칙을 실현하고자 합니다.

■ **입양의 절차와 각 절차의 담당기관**

절차	현행법		개정안
입양신청	입양기관	⇨	친생부모 → 지방자치단체 입양부모 → 보건복지부
상담(친생부모)	입양기관	⇨	지방자치단체
교육(입양부모)	입양기관	⇨	보건복지부
입양적격심사 (입양아동)	입양기관	⇨	지방자치단체
결연	입양기관	⇨	보건복지부
입양심판·허가	법원	⇨	법원
사후관리·사후서비스	입양기관	⇨	보건복지부

우리나라에서는 기아, 미아, 학대 피해 아동 또는 양육에 어려움을 겪는 보호자의 의뢰 등 국가의 보호가 필요한 아동이 발생한 경우, 아동복지법 제15조에 따라 해당 지방자치단체장이 아동 및 보호자와의 상담을 통해 아동 최상의 이익을 고려하여 원가정 복귀, 가정위탁, 그룹홈 또는 아동양육시설 보호, 입양 등을 결정해야 합니다. 그런데 실제는 다릅니다. 부모가 아동을 양육하기 어려워 입양을 희망하는 경우, 구청·시청 등 공적 기관이 아닌 민간 입양기관을 찾아가야 합니다. 물론 지방자치단체가 아동의 보호를 결정함

에 있어 입양이라는 제도를 고려할 수도 있지만 보호자가 부재한 아동의 입양 결정은 결국 입양기관에 의뢰해야 합니다. 이상하지요? 분명 입양은 가정위탁, 아동양육시설, 그룹홈 등 아동이 본래 가정에서 생활할 수 없는 경우를 위한 다양한 대안 양육 조치 중 하나입니다. 따라서 개별 아동의 특성과 아동의 의견에 따라 보다 적합한 양육 환경이 달라질 수 있을 텐데, 입양제도의 경우 입양기관에 의뢰된 아동만이 대상자가 됩니다. 그렇지 않은 아동들이 〈입양특례법〉이 정하는 절차에 따라 입양될 가능성은 거의 없습니다.

무엇보다 입양 결정은 가능한 한 친부모가 아동을 양육할 수 있도록 지원한 뒤에 나오는 대안적 조치여야 합니다. 그러나 현행법에 따르면, 입양기관을 방문한 친부모에 대한 입양 절차 안내 및 입양 절차에 대한 상담, 해당 아동에게 입양이 최선의 선택이라는 결정,

---

■다양한 대안 양육

아동을 양육할 수 있는 가족이 없거나, 보호자가 아동을 학대하는 경우 등 보호자가 아동을 양육하기에 부적당하거나 양육할 능력이 없는 경우, 이때 보호가 필요한 아동을 '보호대상아동'이라고 합니다. 우리나라는 보호대상아동을 보호하기 위하여 다음과 같은 대안 양육 제도를 두고 있습니다.

가정위탁: 위탁가정을 통해 일정 기간 보호대상아동을 보호하고 양육하는 제도입니다. 그룹홈과 달리 일정 기간 동안 위탁부모와 생활하는 가족적 환경이 제공되며, 법적으로 부모·자녀 관계가 인정되는 입양과 구별됩니다.

아동양육시설: 보호대상아동을 보호, 양육하며, 취업훈련 및 자립지원 서비스 등을 제공하는 것을 목적으로 하는 시설입니다. 그룹홈과 그 목적은 같지만, 10명, 30명, 50명 등 집단 생활시설로 운영된다는 점에서 서로 다른 기준과 요건이 적용되고 있습니다.

그룹홈(공동생활가정): 보호대상아동에게 가정과 같은 주거환경과 보호, 양육, 자립지원 서비스를 제공하는 시설을 말합니다. 5인을 기준으로 하되 7인 이내의 아동을 보호하는 소규모 가정 형태를 특징으로 하며, 규모 측면에서 대규모 집단시설로 운영되는 아동양육시설과 구별됩니다.

입양이 진행되는 동안의 아동 보호, 입양부모의 선택까지 입양의 전 과정을 입양기관이 수행하고 있음을 알 수 있습니다. 입양기관이 친부모에게 어떠한 정보를 제공했는지, 상담은 충분하고 적절했는지 공적으로 확인할 방법은 없어요. 2011년 〈입양특례법〉이 개정되며 입양 결정에 대한 법원의 입양허가제가 시행되었다고는 하지만 입양기관이 아동을 인수한 때부터 입양부모를 결정한 모든 절차가 끝난 뒤에 사실상 '허가' 여부만을 결정하니, 과연 국가가 아동 최상의 이익 실현을 위해 입양을 결정했다고 할 수 있을까요? 법원의 허가 결정이 있기 전에 '입양전제위탁'을 명목으로 입양 가정으로 아동이 이동되어도 확인할 길이 없었습니다. 대구 입양아동 학대·사망 사건은 입양전제위탁 기간 동안에 발생하였는데, 심지어 법원에서 입양이 허가된 시점은 아동이 이미 사망한 이후였다고 하니, 현행 제도에 의문을 제기할 수밖에 없는 것입니다.

개정안에 대한 반대 의견 중에는 "개정안은 엄격한 절차로 인해 입양을 촉진하고 그 절차를 신속히 진행하라는 헤이그국제아동입양협약에 반한다"는 주장도 있습니다. 그러나 입양은 아동의 새로운 가족을 찾는 과정입니다. 아동이 새롭게 만나게 될 가정이 아동의 영원한 가족이 될 수 있도록 아동의 건강하고 행복한 발달을 지원할 수 있는 가정인지 확인하기 위한 최선의 노력이 우선되어야 하지 않을까요? 그런 미래의 시간이 약속되려면, 입양 결정은 최대한 신중해야 하는 것 아닌가요?

물론 그 과정에서 아동이 겪어야 하는 혼란을 최소화할 수 있도록 신속하고 정확하게 절차를 밟아야 함은 너무도 당연한 요청입니다. 그러나 일각에서는 개정안이 입양 절차를 너무 어렵게 만들어 아동이 대안가정에서 성장할 기회를 박탈한다고도 합니다. 하지만 정부와 지방자치단체가 절차 전반을 담당하게 된다면, 친생부모도 입양부모도 보다 신뢰할 수 있는 정보를 기반으로 선택을 숙고할 수 있을 것입니다. 여러 개의 입양기관 중 하나의 기관, 그 속에서 또다시 무작위로 만나게 되는 입양 담당자의 선의와 노력하는 정도의 개인차, 그 우연에 따라 아이의 미래가 달라지는 예측 불가능성 또한 줄어들 것입니다.

입양 절차 전반에서 국가가 책임을 다해야 한다는 것은, 입양 이후 입양부모와 입양아동이 상호 간에 잘 적응하고 건강한 관계를 형성할 수 있도록 지원하는 것을 포함한 사후 모니터링도 포함합니다. 즉, 입양제도에 대한 공적 책무성 강화는 입양부모에 대한 권리 침해가 아니라 입양 결정에 대한 대외적 인정이며, 오히려 입양부모의 권리를 보장하는 조치이기도 합니다. 입양을 감추고 부끄러워할 일이 아니라 또 다른 가족의 탄생으로 보고, 국가가 입양가족의 존재를 인정하고 존중함으로써 아동의 건강하고 행복한 발달을 보장하고, 이를 위한 입양부모의 역할을 응원하고 지지하겠다는 뜻이니까요. 비록 아동을 직접 양육하지는 않지만, 친생부모 또한 자녀의 행복한 미래를 소망할 것임은 의심의 여지가 없습니다. 투명하고 공정한, 믿을 수 있는 적절한 절차를 통해 입양아동의 인권이 온전히 실현되는 입양제도는 나아가 모두의 인권을 옹호하는 방법입니다.

입양아동의 친생부모를 알 권리

특히 입양부모들이 가장 많이 우려한 내용은 입양아동의 친생부모가 입양정보를 공개적으로 청구할 수 있다고 규정한 내용입니다. 해당 조항은 국제입양에 한하여 적용되도록 규정한 것인데요. 이는 가능한 한 국내입양을 우선하라는 국제사회의 요청에도 불구하고 국외입양이 많았고, 그럼에도 그 정보가 제대로 관리되지 않은 결과 입양인의 생래적 정보에 대한 알 권리를 박탈하게 된 우리 현실을 반영한 규정입니다. 우리는 해외로 입양된 아동들이 성인이 되어 친생부모를 찾고자 해도 정확한 정보가 없어서 고생하는 이야기들을 이미 많이 들어서 알고 있잖아요? 이처럼 제대로 관리되지 않아 부정확하고 상당 부분 누락된 정보로 인한 국외 입양인들의 상실감은 곧 아동인권에 기반하여 운영되지 못한 입양제도의 과거를 반증합니다.

■ **현행법과 그 개정안의 입양정보공개청구권자 자격**

절차	현행법	개정안
입양정보공개 청구권자	입양된 사람 ⇨	① 입양된 사람 ② 국제입양인 경우: 친생부모 및 형제자매, 3촌 이내의 혈족

■ **보건복지부, 연도별 국내·외 입양 현황**

구분	계	2007년 이전	2008	2009	2010	2011	2012	2013	2014	2015	2016	2017
계	247,343	230,635	2,556	2,439	2,475	2,464	1,880	922	1,172	1,057	880	863
국내	80,099 (32.4%)	70,327 (30.2%)	1,306 (51.1%)	1,314 (53.9%)	1,462 (59.1%)	1,548 (62.8%)	1,125 (59.8%)	686 (74.4%)	637 (54.4%)	683 (64.6%)	546 (62.0%)	465 (53.9%)
국외	167,244 (67.6%)	160,308 (69.8%)	1,250 (48.9%)	1,125 (46.1%)	1,013 (40.9%)	916 (37.2%)	755 (40.2%)	236 (25.6%)	535 (45.6%)	374 (35.4%)	334 (38.0%)	398 (46.1%)

한국의 국외입양은 한국전쟁 직후인 1955년, 미국인 사업가 해리 홀트가 한국의 고아·혼혈아를 입양하면서 시작되었습니다. 이후 홀트아동복지회가 세워졌고, 한국에서 태어난 아동들은 여러 입양기관을 통해 미국, 캐나다, 스웨덴, 노르웨이 등으로 입양되었습니다. 1950년대에는 특히 전쟁고아나 미국인 참전군인 사이에 태어난 혼혈아들이 해외로 입양되었습니다. 중앙입양원 및 국외입양을 담당한 입양기관(홀트아동복지회, 동방사회복지회, 대한사회복지회, 한국사회봉사회)에 대한 국외입양인의 입양정보 공개청구제도는 시행 당시인 2012년 258건에서 2017년에는 1,900여 건으로 증가하였다고 합니다. 그러나 국외입양을 담당한 각 입양기관의 소홀한 기록 관리 등 때문에 진실하고 정확한 기록을 확인하기란 결코 쉽지 않은 것이 오늘의 현실입니다. 2015년 국정감사 당시 보건복지부가 최동익 국회의원에게 제출한 자료에 따르면, 친생부모의 소재지 파악이 불가능한 경우가 무려 50.9퍼센트에 달했습니다.

QR코드를 스캔하면 아래 기사를 읽을 수 있습니다.

「23년 전 입양 보냈던 딸이 저를 찾고 있습니다」
(2018.5.19. 인사이트)

「'타인의 이름'으로 사는 해외 입양인 흔한 까닭」
(2015.5.12. 노컷뉴스)

입양제도의 역사

고아입양특례법이 폐지되며 1976년 12월 3일에 제정된 입양특례법은 "보호시설에 수용되어 있는 불우아동의 입양절차 간소화 및 특히 외국인이 국내에서 입양을 원할 때에는 입양알선기관이 그 입양절차를 담당하고 국외 입양절차를 간소화하여 당해 불우아동의 국내외 입양을 촉진하고, 양자로 되는 자의 안전과 복리증진"을 제정 이유로 제시했습니다.

이후 1995년 1월 5일 입양촉진 및 절차에 관한 특례법으로 전부 개정되며 "국내입양을 활성화하기 위하여 종전의 절차중심 입양제도를 요보호아동의 권익보호를 위한 실질적인 복지서비스로 발전시키고자 한다"고 했습니다. 그러나 1999년 1월 21일에는 "국내외 입양 기관 간 입양업무에 관한 협약을 체결할 때 사전에 보건복지부장관의 승인을 얻도록 한 규정을 사후 보고하도록 하여 입양업무에 관한 절차를 간소화하고, 보건복지부장관이 실시하던 입양업무 종사자에 대한 교육훈련제도를 폐지하고 입양기관이 자율적으로 교육을 실시하도록" 일부 개정했습니다.

이후 2011년 8월 4일 다시 입양특례법으로 전부개정되면서 "입양이 아동의 복리를 중심으로 이루어질 수 있도록 국가의 관리·감독 강화를 목적으로 국내외 입양 모두에 대한 법원 허가제, 친생부모의 직접 양육을 지원, 일주일의 입양숙려기간 및 국내입양 우선 추진 의무화" 등이 명시되었습니다. 또한 "국내입양 아닌 국외입양아동의 사후관리" 규정은 2015년 5월 18일 개정된 입양특례법에 처음 언급된 이후 2015년 12월 22일에서야 입양특례법 시행령에 명시되었습니다.

입양에 관한 지난 법들을 보면 '아동의 복리 보장'을 명분으로 입양 절차 간소화에 특히 힘써왔음을 확인할 수 있는데요. 그러나 신속한 입양을 목적으로 가능한 한 입양 절차가 간소화되도록 한 지난 시간 속에 가급적 원가정에서 아동을 양육할 수 있도록 하기 위한 방법을 찾고, 부득이한 경우가 아니면 국내입양을 우선하며, 국내외 입양된 아동 모두를 보호하기 위한 충실한 사전 검증 및 사후 모니터링 등 공적 책무 이행의 기능이 충실히 고려된 것인지는 여전히 의문으로 남습니다.

국외입양에 관한 부분은 더욱 허술합니다. 특히 우리나라는 2013년 헤이그국제아동입양협약을 비준한 이후, 2017년 10월 18일에 정부의 비준 동의안이 국회에 제출되었지만, 2019년 3월까지 아무런 진전이 없었습니다. 헤이그국제아동입양협약은 국제입양이 증가하고 있는 현실 속에서 아동의 안전과 권리를 도모하기 위해 국제입양의 절차와 요건을 명시하고자 채택된 국제법입니다. 한국은 당시 헤이그국제사법회의HCCH의 회원국이 아니었음에도 아동을 해외로 입양 보내는 주요 '수출국' 자격으로 1991년 5월부터 헤이그협약 작성 과정에 참여하였고, 1993년 협약문 합의 시 서명 대상 국가에 포함되었습니다.* 그러나 서명은 2013년에야 비로소 이루어졌고, 비준 동의안은 여전히 국회에 계류 중입니다. 헤이그국제입양협약의 실효적인 국내 이행을 목적으로 제19대 국회에서 발의되었던 국제입양에 관한 법률안은 국회 임기 만료로 폐기되었고, 같은 제목의 법안이 2016년 9월 23일 제20대 국회에서 또다시 발의되었지만, 이 또한 아무런 진전이 없습니다. 입양제도의 역사를 되짚어보면서 진정 아

---

* 이경은, 「국제입양에 있어서 아동 권리의 국제법적 보호」, 박사학위 청구논문, 2017, 140~141쪽.

동 보호를 목적으로 입양제도를 수립하고 운영하였는지 되묻게 되는 이유입니다.[*]

입양아동의 친생부모 찾기는 곧 정체성을 확인할 권리다

2017년 5월, 미국 입양인이었던 필립 클레이(한국명 김상필, 43세)가 14층에서 투신해 숨진 채 발견된 사건이 있었습니다. 필립 클레이는 1983년 미국의 한 가정에 입양됐으나 두 번의 파양을 겪었으며, 양부모가 시민권을 신청하지 않아 불법체류자 신분으로 지내다가 2012년 한국으로 추방되었습니다. 그렇게 찾은 한국에서도 자신의 입양 기록을 찾지 못하자 이를 비관하여 자살을 선택한 것으로 밝혀졌습니다.

2017년 12월에는 노르웨이 국적의 입양인 얀 소르코코(한국명 채성우, 45세)가 한국에서 친부모를 찾고자 5년간 애썼으나, 아무런 정보도 찾지 못한 채 홀로 사망한 사실이 알려졌지요. 이에 해외입양이 산업화되는 현실에 우려를 표하면서 "정부가 나서서 공적 책임을 강화하라"는 목소리가 높아졌습니다.

타국으로 이동된 입양인들이 성장 과정에서 겪는 정체성 혼란은 다양한 사례에서 거듭 확인할 수 있습니다. 친부모와 자신의 근원에 대한 물음은 매우 인간적인 욕구입니다. 자신만의 삶을 정립하는 출발점은 '나'에 대한 이해, 믿음, 신뢰가 바탕이 되어야 하며, 이

---

[*] 법제처 국가법령정보센터, 「「입양특례법」 제정·개정이유」, 국회 의안정보시스템.

는 곧 유엔아동권리협약이 제7조 제1항에 아동의 출생등록될 권리와 함께 친생부모를 알 권리를 명시한 이유입니다.

더욱이 입양아동의 가족은 입양부모입니다. 이는 법원의 허가 이전에 입양부모의 결정이며, 입양아동의 결정이기도 합니다. 아동이 친생부모를 찾고 친생부모가 아동을 찾는 것은 아동의 정체성에 대한 권리이지, 절대 입양 가정에 대한 위협이나 입양부모의 권리를 침해하는 것이 아닙니다.

우리는 평범한 입양가족

사실은 우리 모두가 알고 있습니다. 입양은 아동을 위한 선택이며, 아동의 인권 보장을 위한 제도라는 것을 말이에요. 따라서 입양은 아동에게 최상의 이익이 되는 일이 무엇일지 치열하게 고민한 뒤에 결정해야 하며, 아동 발달을 최대한 긍정적으로 촉진할 수 있는 방향으로 이루어져야 합니다. 예컨대, 갑작스런 주거·생활환경의 변화는 아동의 심리적·정서적 발달에 혼란을 초래할 수 있습니다. 아동의 입장을 고려한다면 가능한 한 예전의 환경을 유지할 수 있는 방법을 최우선으로 택해야 하겠지요. 원가정 지원 및 국내입양 우선의 원칙을 강조하는 것도 같은 맥락에서 설명할 수 있습니다.

또한 입양에 이르는 전 과정에는 아동의 참여가 보장되어야 합니다. 구체적으로 생각해볼게요. 우선 아동이 자신의 현재 상황을 이해할 수 있도록 적절한 정보를 제공해야 하고, 스스로의 생각을 정리하여 의견을 표현할 수 있도록 충분한 시간을 주어야 합니다. 아동의 연령이나 개별적 발달 정도, 그리고 타고난 성향과 특성 등을 민감하게 고려할 수 있는 전문가에게 충분히 상담받을 수 있도록 기회를 보장해야 하고, 아동의 의견을 진지하게 고려하며, 최종 결정을 내릴 때에는 아동의 의견이 어떻게 반영되고 왜 반영되지 못했는지를 아동에게 충실히 설명해야 합니다. 이러한 과정은 연령·성·장애 여부·국적과 인종을 불문하고 보장되어야 하는데요, 아동은 입양의 직접 당사자이며, 입양 결정은 아동의 인생이 걸린 문제이기 때문입니다.

무엇보다 아동기는 자아정체성을 확립하고 자존감을 키워나가는 시기입니다. 그 과정에서 부모와 가정환경은 특히 중대한 영향을 미칠 수밖에 없습니다. 가정은 아동의 가장 든든하고 믿음직한 지지 기반이기 때문입니다. 따라서 원가정이든 입양 가정이든 가정의 중요성은 결코 폄훼되어서는 안 됩니다.

그런데 우리나라는 여전히 입양이나 입양가족을 '문제가 있다'는 식으로 바라봅니다. 혹은 입양부모를 '구원자', 입양아동은 '불쌍한 아이'로, 입양가족은 '대리가족'으로 생각하는 경우도 있습니다. 그러나 인권의 기본 원칙은 '비차별'과 '평등'이라고 했습니다. 세상에 존재하는 모든 사람은 저마다 서로 동등한 당사자입니다. 다만 누군가의 권리 보장을 위해 또 다른 누군가가 기꺼이 양보하고 배려할 수 있으며, 이 세상은 그 과정이 반복되며 나의 권리도 존중받게 되는 선순환으로 유지됩니다. 생물학적 혈연만이 부모 자식 관계를 증명하지는 않습니다. 입양부모는 결혼과 출산 이외의 방법으로 자녀를 얻은 것이고, 입양 가정 역시 서로 다른 세대를 살아가는 부모와 자녀가 때로는 갈등하면서도 서로의 행복을 바라며 서로 이해하고 존중하기 위해 노력하며 살아가는, 평범한 가정일 뿐입니다.

아이들에게 가장 중요한 것은 부모의 존재 그 자체입니다. 자신을 향한 부모의 믿음과 지지를 신뢰하는 아이들이 가진 내면적 힘은 결코 작지 않습니다. 스스로를 사랑하는 아이들의 모습이 곧 입양부모의 기쁨이 되듯이, 아동이 스스로를 사랑할 수 있도록 지금의 모습 그대로를 오롯이 인정하는 태도는 결국 모든 사람이 행복한 사회로 나아가는 첫 걸음이 되리라 생각합니다.

베이비박스

#논쟁은 아직까지도 현재진행형

베이비박스가 궁금하다

베이비박스는 나라마다 서로 다른 의미로 사용되고 있습니다. 핀란드, 스코틀랜드는 각각 1937년, 2017년부터 아이가 태어났을 때 부모에게 아기 옷, 낮잠용 침낭, 기저귀, 매트 등 신생아를 위한 필수 용품을 담은 일명 '베이비박스'를 지급하고 있습니다. 소위 부모와 아동을 위한 '스타트 키트start kit'이지요. 반면, 독일이나 체코, 일본 등지에서 '베이비박스'는 다양한 이유로 아이를 양육할 수 없게 된 부모가 아이를 넣고 돌아서는 곳을 의미합니다. 부모와 아동을 분리하는 기능을 하는 것입니다. 이 같은 의미의 베이비박스의 최초의 시작은 아동이 유기된 경우, 그 생명을 보호하기 위한 최소한의 보호 장치가 필요하다는 취지였습니다. 추운 겨울 차가운 담벼락 밑에 놓여진 아동을 누가, 언제 발견할지도 알 수 없는 위태로운 상황을 막기 위해서였죠. 현재 국내에는 후자의 기능을 하는 2개의 베이비박스가 운영되고 있습니다. 서울 관악구에 위치한 베이비박스(주사랑공동체교회 운영), 경기 군포시에 위치한 베이비박스(새가나안교회 운영)가 그것입니다.

구원의 상자일까, 인권침해의 상자일까?

2016년 3월, 경기도에서는 〈경기도 건전한 입양문화 조성 및 베이비박스 지원에 관한 조례안〉이 입법 예고되었습니다. 제정 이유는 "「입양특례법」 개정 이후에 버려지는 아동이 증가하여, 이러한 아동의 아동인권침해 사례가 증가하고 있기 때문"이었습니다. 2017년 4월에 방송된 〈무한도전〉에서는 "8년간 1,130명의 생명을 구한 베이비박스"로 소개되며, "베이비박스를 합법화하고, 익명출산제를 도입하여 영아 유기를 방지해야 한다"는 취지의 의견이 제시되기도 하였습니다.

　사실상 많은 사람들이 '당장 버려지는 아동을 보호한다는 긴급성' 때문에 베이비박스가 필요하다고 생각합니다. 그러나 문제의 핵심은 '버려지는 아이가 있다'는 것입니다. '버려지는 아이를 위해 베이비박스가 필요하다'고 주장하기 이전에, '부모가 왜 아이를 버리는지/포기하는지'와 '아동을 유기하지 않도록 하는 방법'을 먼저 고민해야 하지 않을까요? 이와 관련하여, 한 연구 결과는 언론 보도를 통해 베이비박스에 대한 인지도가 높아진 시점에 영아 유기 건수도 함께 급증하였음을 설명하고 있습니다. 어쩌면 베이비박스의 존재와 역할을 알게 됨으로써, 부모는 아동을 유기하는 것에 대한 죄책감을 조금은 덜게 되는 것은 아닐까요?* 베이비박스의 존재를 마냥 인정할 수만은 없는 이유입니다.

---

* 　제인 정 트렌카, 「2011년 입양특례법 개정: 시행초기 1년의 영향분석」, 서울대학교 행정대학원 석사 학위논문, 2014.

국제사회는 베이비박스를 대표적인 아동인권침해 상황 중 하나로 명백하게 확인했습니다. 유엔아동권리위원회는 오스트리아(2005년), 슬로바키아(2007년), 체코(2011년), 독일(2014년), 네덜란드(2015년) 등지의 베이비박스에 대해 심각한 우려를 표하며 즉시 중단할 것을 권고한 바 있습니다. 체코 정부에 대한 위원회의 최종 견해는 베이비박스가 구체적으로 유엔아동인권협약 제6조 "생명, 생존 및 발달의 권리", 제7조 "출생등록 및 부모를 알고 가능한 한 부모에 의해 양육될 권리", 제8조 "아동의 국적, 성명 및 가족관계 등 법률에 따른 신분을 보존할 수 있는 권리", 제9조 "부모로부터 분리되지 않을 권리" 및 제19조 "모든 형태의 폭력으로부터 보호받을 권리"에 따른 아동의 권리에 위배됨을 명시하였고, 네덜란드에 대해서는 익명 유기를 허용하는 베이비박스는 아동이 자신의 근원을 알 권리, 즉 정체성에 대한 권리를 침해하는 것임을 지적했습니다.

입양특례법과 베이비박스

베이비박스 문제는 입양특례법에 대한 논란과 함께 거듭 언론에 보도된 바 있습니다. 2009년 12월, 서울 관악구 주사랑공동체교회에 베이비박스가 최초로 설치된 이후 약 10년이 지난 지금까지도 그 필요성에 대한 사회적 논의는 치열하게 진행되고 있는데요. 베이비박스에 대해서는 "버려지는 아기를 살리는 생명의 상자다"라는 의견과 "영아유기를 조장하는 불법시설이다"라는 의견이 팽팽히 대립하고 있는 실정입니다. 양측의 견해는 접점을 찾지 못한 채 평행선을 달리고 있지요.

QR코드를 스캔하면 2018년 1월 17일 중앙일보 기사 「'친생부모가 원하면 아동 정보 공개' 입양 가정 불안 빠트린 입양특례법 개정안」 전문을 확인할 수 있습니다.

현재 국내에 설치되어 있는 두 개의 베이비박스 중 하나를 운영하고 있는 조태승 주사랑공동체교회 목사는 "입양특례법 전부개정안이 통과되면 입양 문턱이 더 높아질 텐데, 그러면 베이비박스로 들어오는 아이들이 더 많아질 것이라고 확신한다"고 말하면서 "입양 가지 못하고 기관에서 평생 자라게 되는 아이들이 늘어나는 건 누가 책임을 질 것인지 궁금하다"고 말했습니다.

2011년 8월 4일 '전부 개정'된 〈입양특례법〉은 아동의 입양 허가를 신청하려면 반드시 '아동의 출생신고 증빙서류'를 첨부하도록 개정되었고, 2012년 8월 5일부터 시행되었습니다. 종전에는 친부모가 아동을 출생신고하지 않은 경우에도 입양이 가능했습니다. 전체 입양의 70퍼센트가 비밀입양일 만큼 우리나라의 많은 입양부모가 입양한 사실이 알려지길 원치 않았고, 이에 아예 아동을 입양한 이후 친생자로 출생신고를 하는 경우도 많았습니다. 이 같은 친생자 출생신고는 비록 허위이지만, 법률상 친자관계를 설정하려는 명백한 의사가 있다고 보아 다수의 판결들은 "친생자 출생신고를 한 형식상 잘못이 있어도 입양신고로서의 효력을 인정할 수 있다(즉, 차후에 친자관계를 부정하려면 파양절차를 거쳐야 한다는 것)"고 결론 내리고 있습니다.*

---

* 대법원 1977. 7. 26. 선고 77다492 전원합의체 판결, 대법원 2001. 5. 24. 선고 2000므1493 전원합의체 판결, 대법원 2018. 5. 15. 선고 2014므4963 판결 등

그런데 출생신고가 되지 않은 아동을 입양할 수 없게 한 개정 입양특례법은 현실적으로 아동을 양육할 수 없거나 양육의 의사가 없는 부모들이 베이비박스에 영아 유기를 결정하게 만드는 주된 원인이라는 지적이 있습니다. 특히 출산 사실을 밝히고 싶지 않은 미혼부·모가 아동 유기를 선택하게 된다는 주장인데요, 이에 대한 근거로 개정 입양특례법이 시행된 직후인 2013년부터 베이비박스에 유기되는 아동 수가 급증했다는 점, 또한 2013년 이후 입양 건수가 급격히 줄어들었음을 이유로 제시했습니다.*

그러나 보건복지부가 밝힌 통계자료에 따르면, 개정 입양특례법 시행 이후 전국에서 발견되는 기아 수가 소폭 증가하기는 했으나,

■ **연도별 베이비박스에 유기된 아동의 수**

연도	2010년	2011년	2012년	2013년	2014년	2015년	2016년	2017년 상반기
인원	4명	37명	79명	254명	254명	242명	223명	93명

출처: 보건복지부 연구용역, 「서울 관악구 베이비박스 유기 아동 수」, 2017.

■ **연도별 기아 수**

연도	2007	2008	2009	2010	2011	2012	2013	2014	2015	2016	2017
기아	305명	202명	222명	191명	218명	235명	285명	282명	321명	264명	261명

출처: 보건복지부, e-나라지표

---

*　현소혜, 「아동유기 예방 및 보호를 위한 법·제도 개선연구」, 『2017년도 보건복지부 연구용역보고서』, 2017, 24~25쪽

그 수가 지난 10년간 크게 달라지지는 않았다는 사실을 확인할 수 있습니다. 다만 2012년 이후 서울에서 발견된 기아의 수는 명백히 급증했습니다. 즉, 개정 입양특례법 시행 이후 유기되는 아동이 베이비박스에 집중되었다는 사실은 확인할 수 있으나, 입양특례법 때문에 유기되는 아동이 늘어났다고 보기는 어렵다는 것입니다. 오히려 아동을 안전하게 유기할 수 있다고 알려진 베이비박스의 존재가 점차 알려지며 그 인지도가 높아진 결과일 뿐, 베이비박스에 유기되는 아동 수의 급증을 입양특례법의 부작용으로 보는 것은 적절하지 않다는 해석입니다. 이는 국회입법조사처의 「입양특례법의 입법영향분석」 등 다양한 연구 결과에서 확인할 수 있습니다.

생각해봅시다!

다음은 2017년 7월 17일 온누리신문에 「베이비박스가 '갈대상자' 일 수도 있다」*라는 기사의 일부입니다. 글쓴이의 마음이 충분히 전달되는 글이지만 이런 식의 접근에는 문제가 있어 보입니다.

베이비박스를 굳이 우리말로 번역하면 아기상자쯤 되겠다고 느끼기도 잠깐, 이 아기상자가 곧 갈대상자일 수도 있다는 생각이 들었다. 상자 속에 담겨 나일강가에 버려졌던 모세는 이스라엘 민족의 지도자가 되어 하나님의 구원역사의 도구로 쓰임 받았다. 비록 부모는 미숙하여 아이를 베이비박스에 버렸으나 하나님께서 간섭하신다면 버림받은 아이들이 이 시대의 모세로 성장할 수도 있다는 생각이 들었다. 또한 모세를 키웠던 유모의 사랑과 손길이 떠오르면서 우리 자신이 베이비박스 속 이 시대의 모세를 키워내는 유모의 손과 발이 될 수 있다는 깨달음이 찾아왔다.

베이비박스가 진정 아동을 위한 것이라면, 그 필요성은 아동의

*　QR코드를 스캔하면 기사 전문을 읽을 수 있습니다.

입장에서 생각되어야 합니다. 어떤 사안이든 문제의 직접 당사자가 최우선적으로 고려되어야 하니까요. 따라서 미혼모 보호를 위해 아동을 보호해야 한다는 관점이 아닌, 아동 보호가 곧 미혼모의 권리 보장이라는 관점을 기반으로 한 실천이 필요합니다.

어떠한 상황에서도 생명의 존엄성을 지키고, 생존 및 발달을 지원받아야 한다는 것은 아동의 기본 권리입니다. 부모와 국가는 이를 위해 노력해야 할 공동의 의무가 있습니다. 입양 등 아동 보호체계의 공적 책무성 강화가 요청되는 이유 역시 아동의 삶이 '우연'에 맡겨져서는 안 되기 때문입니다.

하지만 베이비박스에는 공공의 역할이 생략되어 있습니다. 우연히 마주치게 되는 누군가의 '선의'에 기대야 합니다. 그러나 이같은 '우연'은 아동 보호를 위한 최선이 될 수 없습니다. 출생등록 등의 절차를 회피함으로써 아동의 친생부모를 알 권리와 '나'에 대해 알 권리마저 박탈합니다. 반면, 베이비박스 이슈에 대한 대책을 마련하는 것은 곧 부모에 대한 지원을 강화한다는 것을 의미합니다. 아동의 인권을 보장하는 동시에 취약한 상황에서 임신한 여성, 혹은 경제적 곤란이나 사회적 편견으로 양육을 포기하는 부모 모두의 인권을 보장하기 위한 방향이지요.

베이비박스가 지키고자 하는 삶은 아동의 인생이라 했습니다. 그렇다면 그 삶의 존엄성이 온전히 존중받을 수 있도록 우리 사회의 논의도 재구성되어야 하지 않을까요? 생명의 상자를 넘어, 인권 실현을 위한 방향으로 말입니다.

계속하여 발달하는
아동의 특별한 능력

투표하는 시민, 참정권의 중요성

#청소년 선거권 #선거연령 인하

현행법이 인정하는 선거권의 범위는?

지난 2018년 3월 22일 목요일 오전 10시, 국회 앞에서는 청소년 참정권 보장을 촉구하는 삭발식이 있었습니다. 이후 시작된 농성 투쟁은 2018년 5월 3일, 4월 임시국회가 끝날 때까지 43일간 지속되었는데요. 삭발에 나선 청소년들은 "참정권이 없다는 것은 정치뿐 아니라 일터·학교 등 모든 사회 구성에서 청소년 배제를 의미한다"고 하면서 "청소년도 시민이니, 시민으로서 당연히 보장받아야 할 권리를 요구하는 것은 당연하다"고 강조했습니다. 그리고 만 18세까지 선거권 연령을 하향할 것을 촉구했습니다.

QR 코드를 스캔하면 2018년 3월 22일 한겨레에 실린 「삭발·밤샘농성 청소년들 "6·13 지방선거부터 만 18살 투표권을」 기사의 전문을 읽을 수 있습니다.

기사를 읽고 친구들과 함께 토론해보세요.

대한민국 헌법이 천명했듯이 선거권은 국민의 기본권입니다. 헌법 자체에서 국회의원 선거, 대통령선거 및 국민투표 사안을 정하고 있기도 하지만, 선거제도와 투표에 관한 구체적인 내용은 헌법의 위임을 받아 법률에서 정하고 있습니다.

대한민국 헌법

제24조   모든 국민은 법률이 정하는 바에 의하여 선거권을 가진다.

제41조   ① 국회는 국민의 보통·평등·직접·비밀선거에 의하여 선출된 국
         회의원으로 구성한다.

제67조   ① 대통령은 국민의 보통·평등·직접·비밀선거에 의하여 선출한다.

제72조   대통령은 필요하다고 인정할 때에는 외교·국방·통일 기타 국가
         안위에 관한 중요정책을 국민투표에 붙일 수 있다.

제118조   ② 지방의회의 조직·권한·의원선거와 지방자치단체의 장의 선임
         방법 기타 지방자치단체의 조직과 운영에 관한 사항은 법률로
         정한다.

제130조   ② 헌법개정안은 국회가 의결한 후 30일 이내에 국민투표에 붙여
         국회의원선거권자 과반수의 투표와 투표자 과반수의 찬성을
         얻어야 한다.

이에 〈공직선거법〉〈주민투표법〉〈지방교육자치에 관한 법률〉〈국
민투표법〉 등은 해당 선거의 내용, 선거권자와 피선거권자, 선거 절
차 및 선거운동 등 선거와 관련된 내용들을 규정하고 있는데요. 여
기서 확인할 수 있는 것은 투표 가능한 연령이 모두 만 19세 이상이
라는 사실입니다. 뿐만 아니에요. 만 19세 미만의 미성년자에겐 개인
의 투표 행위와 직접 관련이 없는 선거운동이 금지되며, 기본적·정
치적 자유권으로 인정되는 정당 가입조차 할 수 없습니다. "대한민
국은 민주공화국이고, 민주주의의 꽃은 선거이다"라고 말하면서도

성인이 아닌 사람의 선거와 관련된 일체의 정치적 활동은 법으로 금지하고 있는 것입니다.

참 궁금합니다. 성인이 아닌 사람, 아동을 포함한 미성년자의 선거 참여나 선거운동, 정당 활동 등 시민적·정치적 권리를 행사할 수 있는 기회조차 박탈해야 하는 무슨 특별한 이유라도 있는 걸까요?

우리가 불완전하고 미성숙하다고요?

2018년 1월 한겨레신문은 새해 기획 기사 중 가장 먼저 청소년의 참정권 확대에 대한 이야기를 다루었습니다. 기사 제목은 「세계는 이미 16살 선거권 얘기하는데…」인데요. 기사의 요점은 "OECD국가 중 한국만 19살 이상에게 선거권을 주고 있다. 미·영·일 등 32개국은 18살부터 선거를 할 수 있다. 한국의 선거권 나이가 '만 19살 이상'에서 바뀌지 않는 데 비해, 세계는 도리어 18살을 넘어 16살까지 연령을 낮추고 있다"는 것입니다. 이 밖에도 청소년 선거권 연령을 다룬 기사 및 논문들이 많습니다. 관련된 자료들을 살

세계 여러 나라의 청소년 참정권에 관련된 기사를 읽고 싶은 분들은 QR코드를 스캔하세요.

「세계는 이미 16살 선거권 얘기하는데…」
(2018.01.03. 한겨레)

「OECD 국가 중 왜 우리만 없을까? '18세 선거권'」
(2017.02.04. 오마이뉴스)

「미국 등 7개국, 17세 고교 졸업 후 18세 투표…스위스·체코 등 11개 나라…」
(2017.01.17. 중앙일보)

「'16살 선거권'을 이야기하는 나라」
(2017.03.02. 한겨레21)

「18세 선거권 아직 이르다? 미국, 독일은 선거에 출마하는 나이다」
(2017.03.07. 중부일보)

펴보면, "세계 200개에 이르는 나라들 대부분은 18세 이하에게 투표권을 준다. 선진국들의 모임인 OECD 35개 회원국 중에서 18세에게 투표권을 주지 않는 나라는 대한민국이 유일하다"는 사실을 알 수 있습니다.

유튜브 제작이나 시청, 웹툰·웹소설 창작과 감상 등 IT를 기반으로 전개되는 각종 활동에서 청소년들의 참여가 매우 활발하다는 점을 생각해볼 때, 우리나라는 유독 선거권 문제에 대해서만 시간이 거꾸로 흐르는 것 같습니다. 대한민국 헌법재판소는 선거권 연령과 관련하여 다음과 같은 두 개의 결정을 선고한 바 있습니다.

헌재 2013. 7. 25. 2012헌마174

보통선거의 원칙은 일정한 연령에 도달한 사람이라면 누구라도 당연히 선거권을 갖는 것을 요구하는데 그 전제로서 일정한 연령에 이르지 못한 국민에 대하여는 선거권을 제한하는 바, 선거권 행사는 일정한 수준의 정치적인 판단능력이 전제되어야 하기 때문이다. 헌법 제24조는 "모든 국민은 '법률이 정하는 바'에 의하여 선거권을 가진다."라고 규정함으로써, 선거권 연령을 어떻게 정할 것인지는 입법자에게 위임하고 있다. 입법자는 우리의 현실상 19세 미만의 미성년자의 경우, 아직 정치적·사회적 시각을 형성하는 과정에 있거나, 일상생활에 있어서도 현실적으로 부모나 교사 등 보호자에게 의존할 수밖에 없는 상황이므로 독자적인 정치적 판단을 할 수 있을 정도로 정신적·신체적 자율성을 충분히 갖추었다고 보기 어렵다고 보고, 선거권 연령을 19세 이상으로 정한 것이다. 또한 많은 국가에서 선거권 연령을 18세 이상으로 정하고 있으나, 선거권 연령은 국가마다 특수한 상황 등을 고려하여 결정할 사항이고, 다른 법령에서 18세 이상의 사람에게 근로능력이나 군복무 능력 등을 인정한다고 하여 선거권 행사능력과 반드시 동일한 기준에 따라 정하여야 하는 것은 아니므로 선거권 연령을 19세 이상으로 정한 것이 불합리하다고 볼 수 없다. 따라서 선거권 연령을 19세 이상으로 정한 것이 입법자의 합리적인 입법재량의 범위를 벗어난 것으로 볼 수 없으므로, 19세 미만인 사람의 선거권 및 평등권을 침해하였다고 볼 수 없다.

헌재 2014. 4. 24. 2012헌마287

선거권 행사는 일정한 수준의 정치적 판단능력이 전제되어야 하는데, 입법자는 우리나라의 현실상 19세 미만의 미성년자의 경우, 아직 정치적·사회적 시각을 형성하는 과정에 있거나, 독자적인 정치적 판단을 할 수 있을 정도로 정신적·신체적 자율성을 충분히 갖추었다고 보기 어렵다고 보고, 지방의회의원 등의 선거권 행사 연령을 19세 이상으로 정한 것이다. (…중략…) 지방의회의원 등의 선거권 행사 연령을 19세 이상으로 정한 것이 입법자의 합리적인 입법재량의 범위를 벗어난 것으로 볼 수 없으므로, 19세 미만인 사람의 선거권 등을 침해하였다고 볼 수 없다.

미성년자의 선거운동을 금지하는 것은 정치적 판단능력이 부족한 사람의 선거운동의 자유를 제한하여 선거의 공정성을 확보하기 위한 정당한 입법목적에 의한 것이고, 연령을 기준으로 선거운동의 자유를 행사하기 위한 정치적 판단능력의 유무를 가리는 것은 적절한 방법이다. 또한 선거운동만을 제한할 뿐, 선거운동 외에 정치적 표현행위는 제한 없이 할 수 있고, 19세가 될 때까지만 선거운동의 자유를 유예하는 것에 불과하며, 미성년자는 정신적·신체적 자율성이 불충분하다는 점 등을 고려하면 침해최소성 원칙에 반하지 않고, 선거의 공정성 확보라는 공익보다 제한되는 정치적 표현의 자유 정도가 크지 않으므로 법익균형성에도 반하지 않는다. 따라서 선거운동 제한 조항이 19세 미만인 청구인들의 선거운동의 자유를 침해한다 할 수 없다. 정당원 등 자격조항이 19세 미만인 사람에 대해 정당의 발기인 및 당원이 될 수 없도록 하는 것은 정치적 판단능력이 미약한 사람들이 정당의 발기인 및 당원이 되는 것을 제한하여 정당의 헌법상 기능을 보호하기 위한 것으로 입법목적의 정당성 및 방법의 적절성이 인정된다. 정당의 중요 공적 기능을 고려하면 정당설립의 자유만을 제한하거나 일정한 형태의 정당 활동의 자유만을 제한하는 것으로는 입법목적을 달성하기 어렵고, 정당 외에 일반적 결사체 설립을 제한하는 것은 아니며, 19세가 될 때까지의 기간만 이를 유예하는 취지라는 점, 미성년자는 정신적·신체적 자율성이 불충분하고 가치중립적인 교육을 받아야 한다는 점 등을 고려하면 침해최소성 원칙에 반하지 않고, 이 조항으로 인하여 19세 미만인 사람들이 정당의 자유를 제한받는 것보다 정치적 판단능력이 미약한 사람이 정당을 설립하고 가입함으로 인하여 정당의 기능이 침해될 위험성은 크다고 할 것이므로 법익균형성도 충족된다. 따라서 정당원 등 자격 조항이 청구인들의 정당의 자유를 침해한다고 할 수 없다.

위에 소개한 헌법재판소의 결정은 둘 다 만 19세 미만인 자는 신체적·정신적 자율성을 갖추었다고 보기 어렵고, 정치적 판단 능력

역시 부족하기 때문에 선거권 행사를 제한하고 선거운동을 금지하는 것이라고 말하고 있습니다. 또한 정당 가입을 제한하는 법은 그 목적이 정당하고 방법도 적절하며, 아동의 권리를 최소한으로 침해하는 수준일 뿐만 아니라 이로써 보장되는 정치적 안정성이라는 공익이 더 크다고 판단되므로 문제가 없다는 것인데요. 이는 성인이 아닌 사람, 즉 미성년자와 아동에 대한 우리 사회의 제한적인 시각을 너무도 잘 보여주는 결정입니다. 특히 "다른 법령에서 18세 이상의 사람에게 근로능력이나 군복무능력 등을 인정한다고 하여 선거권 행사능력과 반드시 동일한 기준에 따라 정하여야 하는 것은 아니므로 선거권 연령을 19세 이상으로 정한 것이 불합리하다고 볼 수 없다"고 단언하는 부분에서는 여전히 고개가 갸웃거려집니다.

시민으로서의 아동의 정치적 자유 보장

한번 생각해봅시다. 과연 연령만으로 '정치적 판단 능력이 부족하다는 것'을 판가름할 수 있을까요? 나이가 많으면 당연히 더욱 좋은 판단을 하게 되는 걸까요? 청소년에게 "너희가 정치를 알아? 정치는 어른들이 알아서 하는 거고, 너흰 공부나 열심히 해" 하면서 선거권을 주지 않는 이 상황을 우리는 어떻게 이해해야 할까요?

정치政治의 사전적 정의는 '나라를 다스리는 일'입니다. 수신제가치국평천하修身齊家治國平天下라는 옛말에서도 확인할 수 있듯이, 평화로운 나라는 개인과 가정의 안정에서 시작되는데요. 즉, 정치란 작게는 나와 이웃의 인간다운 삶, 행복한 삶을 위해 상호 간의 이해를 조정하는 것이며, 크게는 사회 구성원들이 인간으로서의 각종 권리를 보장받으면서 안전하고 즐겁게 살아갈 수 있도록 사회질서를 정하는 연속적인 과정입니다. 그러므로 더 나은 삶을 위한 정치를 만드는 것은 곧 특별한 누군가의 권한이 아닌 지금 이 땅에 발 딛고 사는 모든 사람의 역할이라 할 수 있어요.

오늘날 대부분의 국가가 취하고 있는 대의민주주의 제도에서 선거권은 가장 기본적인 시민적·정치적 권리이며(세계인권선언 제22조, 시민적·정치적 권리에 관한 규약 제25조), 투표는 가장 일반적인 정치 참여 형태입니다.

우리는 선거기간만 되면 '국민을 위한, 국민에 의한, 국민의' 나라를 만들겠다는 정치인들의 수많은 공약을 마주하곤 합니다. 그런데 선거 후보자의 진정과 선의를 불문하고 후보자가 실제로 정치를 하려면 반드시 당선되어야 합니다. 당선이라는 결과 없이는 아무것도 할 수 없으니까요. 따라서 지금 당장 투표권이 없는 사람의 존재는 뒷전으로 밀릴 수밖에 없습니다.

잘 살펴보세요. 선거기간 중 후보들이 나와서 공약으로 내걸곤 하는 '영유아의 안전을 보장하는 어린이집 보육 환경 들기' '건강한 학교문화 조성' '학교 밖 청소년들을 위한 프로그램 제도화' 등은 대개 누구를 타깃으로 하지요? 부모인 일부 유권자들입니다. 정작 보육의 당사자인 영유아, 하루 일과의 대부분을 학교에서 보내야 하는 학생들, 제도권 밖에서 여러 문제로 힘들어하는 청소년 당사자의 목소리는 반영되지 않는 현실입니다. 아동과 청소년 또한 현존하는 시민으로서, 성인으로'만' 구성되고 성인에게'만' 맞춰진 기존의 사회에 그 존재와 목소리를 전달할 권리를 보장받기 위해서는 변화가 필요합니다.

현재 우리나라는 OECD 36개국 중 유일하게 투표 가능한 연령을 만 19세 이상으로 정하고 있습니다. OECD 34개국을 포함한 대부분의 나라는 만 18세를 기준으로 선거권 연령을 정하고 있으며, 오스트리아 등 일부 국가는 만 16세로 정하고 있기도 합니다. 더욱이 국민 대부분이 중등교육 이상을 이수하고 있으며, 특히 인터넷의 발달로 정보 접근 능력 및 정보 활용 능력이 과거와 비교할 수 없을 만큼 향상된 오늘날, 사회 구성원의 정치적·사회적 판단 능력 또한 그에 비례하여 급속하게 성숙했다고 보아야 합니다. 이런 상황에서 우리나라가 여전히 선거권 연령을 만 19세로 유지해야 할 특별한 이유는 찾을 수 없습니다.

불완전함·미성숙을 이유로 선거권 행사, 정당 가입 등 청소년의 기본적인 정치적 자유를 제한하는 현행 법체계는 마땅히 개선되어야 합니다. 교육 수준과 지적 능력, 경험의 정도는 정치적 권리 행사의 조건이 될 수 없습니다. 무엇보다 '아동의 현재'는 그 자체로 존중받아야 합니다. '아직 뭘 모른다'고 하면서 배척할 게 아니라 아동의 시각에서 아동의 필요에 귀를 기울일 때, 아동 역시 성인과 동등한 시민으로서 인간다운 삶을 향유할 수 있습니다.

한편, 우리나라는 흔히 '참여의 기회'를 제공하는 것만으로 참여권을 보장하는 것으로 쉽게 생각합니다. 예를 들어, 학급 반장은 선거와 투표로 선출하지만, 반장이 반 친구들의 학교생활에 필요한 의견을 적극적으로 듣고, 친구들을 대표하여 이를 학교에 전달할 수 있는 기회와 시간은 좀처럼 주어지지 않습니다. 많은 지방자치단체가 '청소년참여위원회' '어린이·청소년의회'를 두고 있지만, 참여위원회 활동을 통해 제안하는 정책들이 실제 현실에 반영되는 경우는 거의 없습니다. 정책에 반영되지 않는 경우는 물론, 반영되는 경우에도 최종 계획을 승인하는 지방자치단체장 및 예산을 심사하는 의회가 정책을 제안한 참여위원회 청소년 당사자들과 그 필요성과 적절성에 대해 치열하게 논의하는 과정은 거의 찾아볼 수 없습니다. 참여란 '어떤 일에 관계하는 것'을 의미하고, '관계를 맺는다'는 것은 영향을 주고받는 것을 말합니다. 그러나 우리의 현실은 관계의 시작만 맺고, 관계를 지속하기 위한 노력은 없는 셈이지요. 소위 나의 어떤 행위에 대한 '환류', '피드백'의 경험이 없는 현실에서, 참여의 의미와 중요성을 이해하고 배우는 것이 가능할까요? 반에서, 학교에서 투표를 해보아도, 각종 위원회 활동을 해보아도 나의 의견이 실현될 여지는 없는 것 같은데, 어떻게 투표를 하고 적극적으로 활동해야 할 이유를 찾을 수 있을까요? 어쩌면 오늘날 우리나라의 낮은 투표율,

정치에 대한 무관심은 당연한 결과일지도 모르겠습니다.

내 삶에서 가장 좋은 선택이 무엇인지는 당사자가 가장 잘 압니다. 아동도 예외일 수 없어요. 자신에게 좋은 것을 알고 자발적으로 선택하는 행위는 책임을 동반하며, 누적된 선택의 경험은 성숙한 시민 의식의 증진으로 이를 수 있습니다. 단순히 선거권 연령을 낮추는 것만이 국가의 의무를 다하는 것은 아니라는 유엔아동권리위원회의 견해는 이를 뒷받침합니다. 위원회는 "국가는, 청소년이 적극적인 시민으로서 그들의 역할을 이해하고, 그 의미를 인식하며, 충분히 실천할 수 있도록 시민교육과 인권교육을 포함한 지원조치에 투자해야 할 책무가 있다"고 확인했습니다.* 참여의 경험이 참여의 증진을 낳을 수 있도록, 아동의 참여 기회를 확장하기 위해서는 관련 교육과 제도에 대한 국가의 의무 이행이 반드시 병행되어 고려되어야 합니다.

현재를 살아가는 모든 아동들은 그들의 삶에서 의제를 찾고, 필요한 대안을 모색하며, 주장할 권리가 있습니다. 우리 사회의 책무는 그에 필요한 사회적 기반을 마련하는 것입니다. 최소한 만 18세, 가능한 한 더 낮은 연령까지 정치 참여의 기회가 보장될 때, 우리 사회의 민주주의는 더욱 성숙할 것입니다.

---

* 유엔아동권리위원회 채택 일반논평 제20조, 「청소년기 아동권리 이행」, 2016, CRC/C/GC/20/para.24.

생각해봅시다!

2018년 3월, 문재인 정부는 "모든 국민은 선거권을 가진다. 선거권 행사의 요건과 절차 등 구체적인 사항은 법률로 정하고, 18세 이상 국민의 선거권을 보장한다"라고 하는 내용의 헌법 개정안을 발표하며, 모든 국민의 선거에 대한 기본권을 확인하되 18세 이상 선거권을 보장하고자 한다는 의미를 명확하게 담고자 했다고 설명했습니다.

그러나 선거권은 헌법 제1조 민주주의와 국민주권의 대한민국 기본질서를 실현하는 권리이자, 인간의 본능적인 정치적 욕구를 충족할 수 있는 개인의 정치적 기본권입니다. 즉, 인간의 권익과 행복 추구를 위한 기본적 권리로서 가능한 한 폭넓게 보장되어야 마땅합니다(헌법재판소 1989.9.8. 선고 88헌가6 결정). 이와 같은 의미에서 현재의 선거권 연령을 하향하겠다는 정부의 의지는 긍정적이라 할 수 있으나 헌법에 선거권을 행사할 수 있는 특정 연령을 명시한 부분은 다음과 같은 이유에서 추가적인 검토가 필요합니다.

첫째, 개정 헌법안은 국가가 추가적인 노력을 피해 갈 수 있는 근거로 작용할 수 있습니다. 만약 헌법이 "18세 이상 국민의 선거권(만)을 보장한다"고 하면, 18세보다 낮은 선거권 연령이 법률에 반영될 가능성은 극히 낮아집니다. 헌법에 따라 18세 이상 선거권이 보장되고 있으니, 그 이하로 선거권을 낮추는 법령은 국가의 적극적 의무가 되지 않을 수 있습니다.

둘째, 헌법 개정의 어려움입니다. 헌법 개정은 법률 개정보다 엄격한 절차를 요구합니다. 1987년 10월 29일, 현행 헌법이 전부개정되고 30년이 지난 지금에야 헌법 개정이 논의되고 있는 상황인데, 이조차도 심지어 국회에서는 정족수 부족으로 의결되지 못했습니다. 따라서 이후 18세 이상 국민의 선거권 보장이라는 부분이 개정될 필요가 있을 때, 그에 대한 국민적 합의가 이루어졌다 해도, 당리당략에 좌우되는 정당정치가 헌법 개정을 어렵게 할 수도 있을 것입니다. 18세 선거권 연령 하향을 골자로 하는 〈공직선거법〉 등의 법률 개정안도 여야 합의 불발로 국회를 통과하지 못하는 현실입니다. 결과적으로 기본권으로서의 선거권을 침해하는 결과를 낳게 될 수도 있다는 것을 우려하는 것입니다.

이런 상황인 만큼 헌법에서 선거권 연령을 명시한 것이 과연 최선이었을까 되묻지 않을 수 없습니다.

아동이 마땅히 누려야 할 교육

#교육의 기회균등 #아동을 위한 교육

교육의 목적은 무엇인가요?

인간의 존엄성 및 평등권과 기타 아동 고유의 권리들은 교육을 통해 존중·보호·실현될 수 있습니다. 유엔아동권리협약은 인권에 대한 존중, 발달된 주체성과 인지 능력을 강화하는 것, 능동적인 사회화 및 환경과의 상호작용을 포함한 아동의 모든 잠재력을 촉진하는 것이 교육의 목적임을 명시합니다(제29조 제1항).

유엔아동권리협약 제29조

1. 당사국은 아동교육이 다음의 목표를 지향함에 동의한다.

   1) 아동의 인격, 재능 및 정신적·신체적 잠재력의 최대 계발

   2) 인권과 기본적 자유, 유엔헌장에 규정된 원칙 존중

   3) 자신의 부모와 문화적 주체성, 언어 및 가치, 현 거주국과 출신국의 국가적 가치 및 이질적인 문명에 대한 존중

   4) 아동이 인종적·민족적·종교적 집단 및 원주민 등 모든 사람과의 관계에 있어서 이해, 평화, 관용, 성(性) 평등 및 우정의 정신에 입각해 자유

사회에서 책임 있는 삶을 영위하도록 하는 준비

5) 자연환경에 대한 존중

　이러한 교육의 목적은 국내법에서도 동일하게 제시됩니다. 〈교육기본법〉 제2조에 따르면, 교육은 홍익인간弘益人間의 이념 아래 모든 국민으로 하여금 ①인격을 도야陶冶하고, ②자주적 생활능력과 민주시민으로서 필요한 자질을 갖추게 함으로써 인간다운 삶을 영위하게 하고, ③민주국가의 발전과 인류공영人類共榮의 이상을 실현하는 데에 이바지하게 함을 목적으로 합니다. 모든 국민의 평생에 걸쳐 학습하고, 능력과 적성에 따라 교육 받을 권리(제3조), 성별, 종교, 신념, 인종, 사회적 신분, 경제적 지위 또는 신체적 조건 등을 이유로 교육에서 차별을 받지 않을 권리(제4조), 교육의 자주성·전문성 및 학교 운영의 자율성 보장(제5조), 교육의 중립성(제6조)과 의무교육을 받을 권리(제8조) 등은 이러한 교육 이념을 실현하는 것을 목적으로 한 것입니다.

　헌법재판소는 헌법 제31조 제1항이 기본권으로 명시한 "모든 국민의 능력에 따라 균등하게 교육받을 권리"는 국민의 인간으로서의 존엄과 법 앞에서의 평등을 교육의 측면에서 실현하는 것을 목적으로 한다고 판시한 바 있습니다(헌재 1990.10.9. 89헌마89). 교육은 아동이 삶에서 마주칠 것으로 예상되는 도전에 대한 준비를 갖추지 못한 채 학교를 떠나지 않도록 보장할 것을 목표로 해야 한다는 유엔아동권리위원회의 설명은 이를 뒷받침합니다. 아동은 지속적인 삶의 과정 속에서 미래를 준비할 수 있는 기회를 보장받아야 한다는 것이며, 이는 곧 교육에 대한 아동의 권리를 의미합니다.

교육의 기회균등

교육에 대한 아동의 권리를 보호하는 것은 특히 균등한 기회를 보장하는 것에서 시작됩니다. 의무교육義務教育과 무상교육無償教育의 제공, 능력에 따른 교육 기회 접근을 보장하기 위한 국가의 노력은 아동의 교육받을 권리 보장을 위한 필수적인 요건입니다.

의무교육과 무상교육에 대하여 부연하자면, 의무교육은 국가에서 제정한 법률에 따라 일정한 연령에 이른 아동이 의무적으로 받아야 하는 보통 교육을 이릅니다. 역사적으로 1794년 프로이센의 보통법에 규정되었고 루터가 그 주창자였던 것으로 알려져 있어요. OECD 국가들의 의무교육 연한은 독일 12년, 영국 11년, 미국 10 년, 프랑스 10년, 일본 9년 등 9~12 년이 보통이며, 사회주의 국가인 북 한은 이미 수십 년 전부터 유치원 1년, 인민학교 4년, 고등중학교 6년 총 11년 간 의무교육을 시키고 있습니다. 무상교육은 교육을 받는 학생에게 일체의 경제적 부담을 주지 않고 무료로 실시하는 교육을 말합니다. 주로 의무교과과정에서 실시해요. 무상교육의 범위는 국가별 정치·경제·사회·문화적 형편에 따라 다르지만, 최소한 입학금과 수업료는 면제하고 있습니다.

우리나라의 의무교육은 1949년 교육법이 공포됨에 따라 출범되었지만, 실제 시작된 것은 1950년 6월 1일부터입니다. 현재 우리나라의 의무교육은 초등교육 6년, 중등교육 3년인데요, 실질적인 초등의무교육은 지난 1954~1959년에 세워진 〈의무교육 완성 6개년 계획〉에 따라 처음으로 실시됐고, 2001년부터는 중학교 무상의무교육이 전국적으로 확대·시행되어 2004년에 마침내 전 국민 9년간의 의무교육이 실현되었습니다.

우리나라의 헌법은 '의무교육 무상'을 명기하고 있습니다. 이때의 '무상無償'이란 수업료를 받지 않는다는 의미였지만, 최근에는 입학금과 수업료 면제뿐만 아니라 교과서 무상공급과 학교 급식 및 육성회비 국고 전환 등 다방면에 걸쳐 무상교육을 제도화하기 위해 노력하는 중입니다.

유엔아동권리협약 제28조

1. 당사국은 교육에 대한 아동의 권리를 인정하며, 균등한 기회 제공을 기반으로 이 권리를 점진적으로 달성하기 위해 특별히 다음의 조치를 취해야 한다.

   가. 초등교육은 의무적으로 모든 사람에게 무상으로 제공되어야 한다.

   나. 일반 및 직업교육을 포함한 여러 형태의 중등교육 발전을 장려하고, 모든 아동이 중등교육의 혜택을 받을 수 있도록 하며, 무상교육을 도입하거나 및 필요한 경우 재정적 지원을 하는 등 적절한 조치를 취해야 한다.

   다. 모든 사람에게 능력에 따라 고등교육 기회가 이용될 수 있도록 조치를 취해야 한다.

   라. 모든 아동이 교육 및 직업관련 정보와 지침을 이용할 수 있도록 조치를 취해야 한다.

마. 학교 출석률과 중퇴율 감소를 촉진하는 조치를 취해야 한다.

2. 당사국은 학교 규율이 아동의 인격을 존중하고 협약을 준수하는 방향으로 운영될 수 있도록 모든 적절한 조치를 취해야 한다.

3. 당사국은 특히 전 세계의 무지와 문맹 퇴치에 이바지하고, 과학기술지식 및 현대적인 교육체계에의 접근성을 높이기 위해 교육 분야의 국제협력을 증진하고 장려해야 한다. 이 문제에 있어서 특별히 개발도상국의 필요를 고려해야 한다.

핀란드는 연령, 인종, 가정의 경제적 사정, 사용하는 언어 등에 상관없이 모든 국민들에게 평등한 교육 기회를 제공하기 위해 취학 전부터 대학에 이르기까지의 전 과정에 무상 공교육을 실시하고 있습니다. 특히 핀란드는 영재부터 학습 부진아에 이르기까지 모두 한 학교, 한 교실에서 가르치는 평등성을 추구하는 교육 시스템과, 세계 최상위 수준의 학업 성취도로 유명한데요, 명실상부한 교육 강국이지요. 핀란드의 교육 기회 접근권에 보장된 '평등의 원칙'은 교육에 대한 가정의 경제적 부담 완화에도 기여하고 있습니다.

한편, 프랑스는 6세~16세까지의 초등학교 및 중학교 학생들을 대상으로 의무교육을 실시하며, 유아교육이 무상으로 지원됨에 따라 유아교육부터 대학교육까지 평생교육이 이루어지고 있습니다. 이외에

QR코드를 스캔하면 자세한 내용을 읽을 수 있습니다.

「핀란드, 평등한 교육으로 학업성취도 높였다」
(2016.8.18. 한겨레)

「저출산 극복 핀란드·프랑스 사례를 통한 인구교육 방향은?」
(2017.12.6. 우먼컨슈머)

도 유아학교, 국·공립 보육시설의 수적인 확충, 보육 유형 다양화는 보육의 기회와 부모의 선택권을 넓혀주었고, 이것은 결과적으로 프랑스의 출산율을 높이는 데 크게 기여했습니다. 즉, 핀란드와 프랑스는 '무상교육과 의무교육 등 교육의 기회균등, 비차별의 원칙'을 관철함으로써 오늘날 최대 교육 강국이자 출산율 저하를 극복한 나라가 된 것입니다.

유엔아동권리협약 제2조가 금지하는 '차별'은 그 자체로 아동의 인간으로서의 존엄성을 침해하는 것이며, 더욱이 교육을 통해 증진할 수 있는 아동의 능력을 훼손하거나 심지어는 파괴하는 결과를 초래할 수 있습니다. 유엔아동권리위원회는 성, 장애, 질병, 인종, 민족, 종교, 문화적·언어적 차이 등 어떠한 이유로도 차별은 용인될 수 없음을 명확히 하고 있습니다. 모든 차별적 관행들은 그 이유가 무엇이 되었든 아동의 개성, 재능, 정신적·신체적 능력에 대한 잠재성을 최대한 개발하는 방향으로 이루어져야 한다는 교육의 목적에 배치된다는 것이죠.*

대한민국 헌법 제31조

① 모든 국민은 능력에 따라 균등하게 교육을 받을 권리를 가진다.

② 모든 국민은 그 보호하는 자녀에게 적어도 초등교육과 법률이 정하는 교육을 받게 할 의무를 진다.

③ 의무교육은 무상으로 한다.

---

* CRC/C/GC/1/paras.10-11

④ 교육의 자주성·전문성·정치적 중립성 및 대학의 자율성은 법률이 정하는 바에 의하여 보장된다.

⑤ 국가는 평생교육을 진흥하여야 한다.

⑥ 학교교육 및 평생교육을 포함한 교육제도와 그 운영, 교육재정 및 교원의 지위에 관한 기본적인 사항은 법률로 정한다.

우리 헌법도 제31조 제1항에서 "능력에 따라 균등하게 교육 받을 권리"를 명시하며 교육 영역에서 평등 원칙을 구체화하고 있습니다. 평등권으로서 교육을 받을 권리는 '취학의 기회균등', 즉 각자의 능력에 상응하는 교육을 받을 수 있도록 학교 입학에 있어서 자의적 차별이 금지되어야 한다는 차별금지원칙을 의미합니다. 이때 헌법 제31조 제1항의 '능력에 따라'라는 표현에서 '능력'이란 '수학능력'을 의미하는데요. 헌법재판소는 교육 제도에서 '수학능력'은 개인의 인격 발현과 밀접한 관계에 있는 인격적 요소에 해당한다고 판시한 바 있습니다(헌재 2017.12.28. 2016헌마649). 능력 또한 개별 인간 고유의 모습으로서 차별 없이 인정받고 존중받아야 한다는 뜻이죠.

다음에 제시한 통계자료는 유엔아동권리협약 이행에 대한 제5-6차 국가보고서에 제시된 것입니다. 교육의 질적 측면을 제쳐두고 우리나라의 학교 취학률 및 진학률을 살펴보면, 의무교육의 범위 내에서 교육의 기회는 거의 100퍼센트 주어지고 있음을 알 수 있습니다.*

---

* 보건복지부, 유엔아동권리협약 제5·6차 국가보고서 부록 〈표 Ⅷ-1. 학생취학률〉, 〈표 Ⅷ-2. 학생 진학률〉, 2017.

■ 학생 취학률

연도 구분	2000	2005	2010	2011	2012	2013	2014	2015	2016
유치원	26.2	30.9	40.2	40.9	44.0	47.4	47.3	49.4	50.7
초등학교	97.2	98.8	99.2	99.1	98.6	97.2	96.4	98.5	98.1
중학교	95.0	94.6	97.0	96.7	96.1	96.2	97.7	96.3	94.9
고등학교	89.4	91.0	91.5	91.9	92.6	93.6	93.7	93.5	94.1
고등교육기관	52.5	65.2	70.1	71.0	68.4	69.0	68.2	68.1	68.5

1) 취학 적령 인구는 통계청(2010)의 '장래 인구 추계'를 기준하였음. 2010년까지는 확정 인구이며, 2011년 이후는 잠정 추계치이므로 다음 추계 시 변경될 수 있음.
2) 취학 적령은 유치원의 경우 3~5세, 초등학교는 6~11세, 중학교는 12~14세, 고등학교는 15~17세, 고등교육기관은 18~21세임.
3) 고등학교에는 일반고, 특수목적고, 특성화고, 자율고가 포함됨.
4) 전체 고등교육기관 재적학생 수에는 연도 및 기관에 따라 17세 이하의 학생이 포함됨.

(출처:교육통계서비스 http://http://kess.kedi.re.kr)

■ 학생 진학률

연도 구분		2000	2005	2010	2011	2012	2013	2014	2015	2016
초등학교 → 중학교과정		99.9	99.9	99.9	99.9	99.9	99.9	99.9	99.9	99.9
중학교 → 고등학교과정		99.6	99.7	99.7	99.7	99.7	99.7	99.7	99.7	99.7
고등학교 → 고등교육 기관	전체	62.0	73.4	75.4	72.5	71.3	70.7	70.9	70.8	69.8
	일반계고	83.9	88.3	81.5	75.2	76.2	76.8	–	–	–
	전문계고	42.0	67.6	71.1	63.7	54.4	48.0	–	–	–
	일반고	–	–	–	(75.8)	(76.6)	(77.7)	78.7	78.9	78.0
	특수목적고	–	–	–	(67.4)	(64.2)	(60.0)	59.6	58.4	55.9
	특성화고	–	–	–	(61.0)	(50.0)	(41.7)	37.6	36.1	35.0
	자율고	–	–	–	(69.3)	(72.6)	(74.7)	75.7	75.8	74.9

1) 중학교과정은 중학교 및 중학교 과정의 기타학교가 포함됨.
2) 고등학교과정은 고등학교(일반고, 특수목적고, 특성화고, 자율고)와 기타(방송통신고, 고등기술학교)가 포함됨.
3) 2011년부터 고등학교 유형이 개정되어 기존 유형 졸업자는 2013년까지 발생함. 괄호는 참고 수치로 2013년 9월 현재 고등학교 유형에 따른 진학률임.
4) 고등교육기관 진학자에는 전문대학, 대학, 산업대학, 교육대학, 방송통신대학, 기술대학, 각종학교가 포함됨(2005년부터 국외진학자가 포함됨).
5) 일반계고 및 전문계고 진학자는 2011년 이후는 대학 등록자 기준, 2011년 이전은 대학 합격자 기준임(전체 고등학교 진학률은 대학 등록자 기준으로 보정한 수치임).

(출처: 교육통계서비스 http://kess.kedi.re.kr)

사私교육은 사死교육인가?

그러나 의무교육을 보장하는 것만으로 교육의 기회균등이 실현되는 걸까요? 오늘날 우리 사회의 교육 기회 불평등을 이야기하면서 사교육 분야를 간과할 수는 없습니다. 2017년 통계청이 발표한 〈초·중·고 사교육비 조사 결과〉에 따르면, 사교육비 총액은 약 18조 6천억 원으로 2016년 대비 6천억 원(3.1퍼센트) 증가했고, 사교육 참여율도 70.5퍼센트(전년대비 2.7%p 증가)로 매우 높았습니다. 통계청에 따르면, 2017년 기준 월평균 소득 700만 원 이상 가구의 초·중·고 학생 1인당 월평균 사교육비는 455,000원(700만 원 이상 800만 원 미만 405,000원, 800만 원 이상 482,000원)이고, 200만원 미만인 가구의 월평균 사교육비는 93,000원입니다.*

2018년 말부터 방영되어 화제를 몰고 온 드라마 〈스카이캐슬〉을 보면 상식을 무너뜨리는 고액 과외의 모습들이 포착되는데요, "드라마인데 뭘들~"하고 지나가기엔 어딘지 모르게 개운치 않은 구석이 있습니다. 굳이 이런 드라마가 아니더라도 우리나라 학부모와 학생들이 꽤 오랫동안 사교육 몸살을 앓아왔다는 것은 사실이니까요. 그 와중에 지나친 사교육을 법으로 규제하려 했던 몇몇 시도가 있었습니다. 두 가지 예를 돌아볼게요.

첫 번째 시도는 과외교습을 법으로 금지한 것입니다. 〈학원의 설

---

* 교육부·통계청, 〈2017년 초·중·고 사교육비 조사 결과〉, 2018.

립·운영에 관한 법률)(현 학원의 설립운영 및 과외교습에 관한 법률)은 일정한 경우를 제외하고는 '누구든지 과외교습을 하여서는 아니된 다'는 규정을 두고 있었습니다. 그런데 이와 관련하여 1998년, 기존에 음악 과외교습을 하던 사람들이 "과외교습을 금지하는 법은 학문과 예술의 자유, 교육을 받을 권리, 직업선택의 자유, 행복추구권 등을 과도하게 제한한다"는 이유로 헌법소원심판을 청구하였고, 가정 방문 과외교습을 운영한 사람이 법 위반으로 공소 제기된 사건을 심판하는 법원에서도 과외교습을 금지하는 규정이 헌법 위반의 의심이 있다고 하여 직권으로 위헌여부 심판을 제청한 사건이 있었습니다(헌법재판소 2000.4.27. 98헌가 16 참조).** 이에 헌법재판소가 법

** 같은 법률 조항에 대하여 헌법소원심판청구, 위헌법률심판제청신청이 같이 있을 경우, 헌법재판소 는 2개의 사건을 병합(하나로 합쳐서)하여 심판하게 됩니다.

률의 적법성과 적절성을 심판하게 되었고, 결론은 과외교습 금지는 '헌법에 위반된다'였습니다. ① 헌법 제31조가 명시한 '교육기회 균등'은 개인의 타고난 환경이 서로 다르기 때문에 출발 기회부터 발생하는 불평등의 완화를 위해 교육 제도에서 국가의 적극적 의무를 규정한 것이지만, ② 이것이 학교교육 밖에서 이루어지는 사적인 교육의 영역까지 금지하거나 제한할 수 있는 규범은 아니라는 이유에서였습니다.

두 번째는 조례로 학원의 심야교습을 제한한 것입니다. 2011년 인천, 2012년 대구와 서울, 2016년 경기도의 〈학원의 설립·운영 및 과외교습에 관한 조례〉는 학원의 교습시간을 5시부터 22시 또는 23시까지로 제한하는 규정을 두었습니다. 이에 대해 고등학생, 학부모, 학원을 운영하는 사람들이 위 조례는 학생의 인격의 자유로운 발현권, 학부모의 자녀교육권, 학원 운영자의 직업 수행의 자유 등을 침해한다고 주장하며 2014년 5월 13일 헌법소원심판을 청구한 사건이 있었는데요, 헌법재판소는 이번에는 '학생의 교육에 대한 권리 및 부모의 자녀교육권 등을 침해하지 않는다'고 결정하였습니다. 학원의 심야교습을 제한하는 조례는 학생의 건강과 안전 보장, 자율적인 학습 능력 강화 및 학교 공교육 정상화와 사교육 시장의 불평등 완화에 기여하며, 청구인들의 기본권을 과도하게 제한하지 않는다고 판단한 것이죠.

헌법재판소 2000.4.27. 98헌가16

헌법 제31조의 '능력에 따라 균등한 교육을 받을 권리'는 국가에 의한 교육제도의 정비·개선 외에도 의무교육의 도입 및 확대, 교육비의 보조나 학자금의 융자 등 교육영역에서의 사회적 급부의 확대와 같은 국가의 적극적인 활동을 통하여 사인간의 출발기회에서의 불평등을 완화해야 할 국가의 의무를 규정한 것이다. 그러나 위 조항은 교육의 모든 영역, 특히 학교교육 밖에서의 사적인 교육영역에까지 균등한 교육이 이루어지도록 개인이 별도로 교육을 시키거나 받는 행위를 국가가 금지하거나 제한할 수 있는 근거를 부여하는 수권규범이 아니다. 오히려 국가는 헌법이 지향하는 문화국가이념에 비추어, 학교교육과 같은 제도교육 외에 사적인 교육의 영역에서도 사인의 교육을 지원하고 장려해야 할 의무가 있는 것이다. 경제력의 차이 등으로 말미암아 교육의 기회에 있어서 사인간에 불평등이 존재한다면, 국가는 원칙적으로 의무교육의 확대 등 적극적인 급부활동을 통하여 사인간의 교육기회의 불평등을 해소할 수 있을 뿐, 과외교습의 금지나 제한의 형태로 개인의 기본권행사인 사교육을 억제함으로써 교육에서의 평등을 실현할 수는 없는 것이다.

헌법재판소 2016.5.26. 2014헌마374

학원조례조항은 학원 심야교습을 제한함으로써 학생들의 건강과 안전을 지키면서 자습능력을 향상시키고 학교교육을 정상화하며, 비정상적인 과외교습경쟁으로 인한 학부모의 경제적 부담을 덜어주어 사교육기회의 차별을 최소화하고, 비정상적인 교육투자로 인한 인적, 물적 낭비를 줄이는 것을 그 목적으로 하므로 그 입법목적은 정당하다. 학원 심야교습을 제한하면 학생들이 보다 일찍 귀가하여 휴식과 수면을 취하거나 예습 및 복습으로 자습능력을 키울 수 있고, 사교육 과열로 인한 학부모의 경제적 부담 증가 등과 같은 여러 폐해를 완화시킬 수 있으므로 수단의 적합성도 인정된다. 학원조례조항에 의한 교습시간 제한은 학원교습 자체를 금지하거나 학생들이 교습을 받는 것을 금지하는 것이 아니라, 원칙적으로 교습은 보장하면서 심야에 한하여 학원교습만 제한하고 있을 뿐이므로 학원조례조항에 의하여 청구인들이 받는 기본권 제한이 그 입법목적 달성을 위하여 필요한 정도를 넘어 과도하다고 할 수 없다. 그리고 학원조례조항으로 인하여 제한되는 사익은 22:00 또는 23:00부터 다음 날 05:00까지 학원 등에서 교습이 금지되는 불이익에 불과한 반면, 학원조례조항이 추구하는 공익은 학생들의 건강과 안전, 자습능력의 향상, 학교교육 충실화, 사교육비 절감 등으로 학원조례조항으로 인하여 제한되는 사익이 공익보다 중대한 것이라고 보기 어렵다. 따라서 학원조례조항이 비례의 원칙에 위배되어 청구인 학생의 인격의 자유로운 발현권, 청구인 학부모의 자녀교육권 및 청구인 학원운영자의 직업수행의 자유를 침해하였다고 할 수 없다.

헌법재판소의 결정은 그 사회의 관점을 반영합니다. 그렇기 때문에 과거의 결정이 현재에 번복되기도 하고, 새로운 논증이 더해지기도 하지요. 그렇다면, 아동의 인권 보장을 실현하기 위한 노력 속에, 지금의 우리 사회는 사교육 현장을 어떻게 바라보아야 할까요?
오늘날, 더 이상 개천에서 나는 용은 없다고들 합니다. 세대 간 계층 대물림이 강화되고, 능력에 따른 자유로운 계층이동의 사다리는 점점 멀어지고 있습니다. "명문대 입학을 좌우하는 것은 할아버지의 경제력과 엄마의 정보력이다"라는 말이 회자되고, 많은 고등학교 교사들이 "저렇게 착한 아이들이 성적 때문에 무기력해지고 자존감을 잃고 있는 상황에 분노할 수밖에 없다"고 토로하는 것이 오늘날 대한민국의 교육 현장인데요. 부모의 경제력에 따라 교육의 기회가 달리 보장되고, 교육이 사회·경제적 지위를 대물림하는 확실한 세습의 수단으로 이용되고 있는 것 또한 우리의 현실입니다.

부동산 값이 천정부지로 치솟을 때, 학군 좋은 곳을 찾는 맹모삼천지교는 부모의 재력 없이 불가능합니다. 쌓아둔 스펙을 보일 길 없는 이 시대의 청년에게, 과연 지금의 교육은 '기회의 평등' 및 '과정과 결과의 정의'에 기여하는 방향으로 운영되고 있는 걸까요? '성적 및 진학 문제'가 청소년이 자살 충동을 느끼게 되는 가장 큰 이유로 꼽히는 지금의 교육 현장은 이대로 괜찮은 걸까요?

교육은 아동의 권리입니다

한편, 이렇게 우리 헌법은 물론 〈교육기본법〉, 유엔아동권리협약 모두 아동의 교육받을 권리를 거듭 확인하고 있음에도 불구하고, 우리 현실은 '아동의 교육에 대한 권리'를 제한적인 범위에서만 인정하려는 경향이 있습니다. 즉, 아동은 헌법 제10조에 따른 고유한 인격적 주체로서 자신의 교육을 자유롭게 결정할 권리가 있지만, 이는 국가의 교육 권한과 부모의 자녀교육권이 인정되는 범위 내에서만 인정되는 권리라는 것입니다. 몇 가지 사례를 통해 확인해볼게요. 일부는 앞서 언급하였던 헌법재판소 결정이 말하는 다른 부분입니다.

첫째, 학원의 설립·운영에 관한 법률에서 과외교습을 원칙적으로 금지하는 조항은 학습자의 위치에 있는 초·중·고등학생 등이 학교 교육 밖에서 자유로이 배우는 행위를 제한함으로써 배우고자 하는 아동과 청소년의 자유로운 인격발현권, 자녀를 가르치고자 하는 부모의 교육권을 침해한다고 판단한 사례가 있습니다(헌재 2000.4.27. 98헌가16).

둘째, 〈초·중등교육법〉 및 동법 시행령에 따른 초등학교 교과과정에는 '외국어(영어)'가 포함되어 있음에도 불구하고, 실제 교과목 시행을 결정하는 초·중등학교 교육과정(교육과학기술부 고시 제 2012-31호)이 초등학교 1~2학년의 교과목에 영어 과목을 배제하고, 3~6학년의 영어 교육을 일정한 시수로 제한하는 부분이 학생의 자유로운 인격발현권 및 부모의 자녀교육권을 침해하지 않는다고 판단한 사례입니다(헌재 2016.2.25. 2013헌마838).

셋째, 서울특별시·경기도·대구광역시·인천광역시 〈학원의 설립·운영 및 과외교습에 관한 조례〉가 학생들의 건강과 안전, 자습 능력의 향상, 학교교육 충실화, 사교육비 절감 등을 목적으로 23시, 또는 22시부터 다음 날 5시까지 학원 심야교습을 제한한 것은 비례의 원칙에 위배되어 학생의 자유로운 인격발현권, 학부모의 자녀교육권 및 학원 운영자의 직업 수행의 자유를 침해하였다고 할 수 없다고 판단한 사례가 있습니다(헌재 2016.5.26. 2014헌마374).

> 헌법재판소 2016.5.26. 2014헌마374
> "학습자로서의 아동과 청소년은 되도록 국가의 방해를 받지 아니하고 자신의 인격, 특히 성향이나 능력을 자유롭게 발현할 수 있는 권리가 있다. 아동과 청소년은 인격의 발전을 위하여 어느 정도 부모와 학교의 교사 등 타인에 의한 결정을 필요로 하는 아직 성숙하지 못한 인격체이지만, 부모와 국가에 의한 교육의 단순한 대상이 아닌 독자적인 인격체이며, 그의 인격권은 성인과 마찬가지로 인간의 존엄성 및 행복추구권을 보장하는 헌법 제10조에 의하여 보호된다. 따라서 헌법은 국가의 교육권한과 부모의 교육권의 범주내에서 아동에게도 자신의 교육에 관하여 스스로 결정할 권리, 즉 자유롭게 교육을 받을 권리를 부여한다."

다만, 학교 안팎에서 일차적으로 인정되는 부모의 자녀교육권은 기본권의 주체인 부모의 자기결정권이라는 의미에서 보장되는 자유가 아닙니다. 이는 자녀를 보호하고 자녀의 인격 발현을 위하여 부여되는 기본권으로서, 자녀의 행복이란 관점에서 보장되는 권리라는 점에 주목해야 해요. 자녀교육권에 대한 부모의 1차적인 권리는 '자녀를 학교에 보낼 것인지 여부, 학교에 간다면 어느 학교가 좋을지, 학원이나 과외를 할 것인지 여부, 어떤 교과목에 대한 사교육이 필요하고 적절할 것인지' 등 자녀의 개인적 성향, 능력, 정신적·신체적 발달 상황 등을 고려하여 교육 목적을 달성하는 데 적합한 교육

수단을 선택하는 것을 내용으로 합니다. 부모는 누구보다도 자녀의 이익을 가장 잘 알고, 보호할 수 있는 주체이기 때문입니다. 이러한 자녀의 교육에 관한 부모의 '권리와 의무'는 서로 불가분의 관계로서 자녀 고유의 교육받을 권리의 본질을 결정하는 구성요소입니다.

또한 국가는 교육의 목적 실현을 위하여 재정적으로 가능한 범위 내에서 다양한 아동이 개별적 성향과 능력을 자유롭게 발현할 수 있는 학교 제도를 마련할 권한과 책임이 있습니다(헌법 제31조 제6호). 아동의 자유로운 인격 발현을 위한 교육에 대한 권리는 국가의 적절한 권한 행사가 있을 때 행사가 가능해집니다. 헌법재판소가 학교 교육의 범주 내에서는 헌법상 독자적인 지위를 부여받은 국가의 교육 권한이 부모의 교육권과 함께 자녀의 교육을 담당한다고 판시한 이유이지요(헌재 2000.4.27. 98헌가16).

즉, 교육받을 권리는 아동의 기본적 권리이고, 부모와 국가는 아동의 교육받을 권리 보장을 위한 책무를 부담한다는 것입니다. 이는 의무 이행을 위한 권한 행사로서, 그러므로 부모의 학교 안팎에서의 자녀 교육에 대한 선택권 및 국가의 학교교육 제도에 대한 자율권은 아동 최상의 이익 실현을 고려하여 결정되어야 합니다. 인권의 상호의존적인 특징을 확인할 수 있는 부분입니다. 교육을 통한 아동인권 보장은 부모의 자녀교육권을 충족하며, 국가의 교육 제도 개선에도 기여할 것이기 때문입니다.

무엇보다 이러한 과정이 아동인권적 측면에서 의미 있게 실천되기 위해서는 아동, 자녀, 학생 당사자의 참여가 특히 중요합니다. 이때의 참여를 위해서는 부모가 자녀를 위해 선택하고자 하는 교육 관련 내용이 무엇인지 자녀가 이해할 수 있는 방법으로 충분히 설명하는 과정, 부모의 결정과 병행하여 아동이 독자적인 결정에 이를 수 있도록 안내하고 기다리는 적절한 시간, 부모와 자녀의 의견이 다를 때 서로 대등한 당사자로서 생각을 교류할 수 있는 기회, 최종 결정에 이르기까지의 토론과 합의 및 과정 전반에서의 상호 존중의 문화가 필요합니다. 나아가 예측하지 못한 부정적인 결과가 발생했을 때, 자녀는 부모에게 곧바로 지원을 요청하고, 부모는 신속히 적절한 대안을 찾아보는 후속조치까지 포함되어야 하구요.

학교의 경우에도 마찬가지입니다. 학생들의 학교 운영이나 학교생활에 대한 정보접근권이 보장되고, 자유롭게 그에 대한 견해를 표현할 수 있으며, 교사나 학교 관계자가 그 의견을 청취하는 과정 및 학생들의 의견이 어떻게 반영되고 반영되지 않았는지 설명하는 사후 과정 모두가 인정될 때, 최대한 포괄적인 범위에서의 아동 발달 촉진을 목적으로 하는 부모의 자녀교육권과 국가의 교육 권한 범위 내에서 아동인권이 왜곡 없이 보장될 수 있을 것입니다.

넷째 시간

평등과 비차별,
공정성에 대한 약속
아동인권

인권, 교문의 문턱을 넘다

#학생인권조례

그때 알았더라면

유엔아동권리위원회가 채택한 2001년 일반논평 제1호의 「교육의 목적」 제8항에는 다음과 같은 내용이 있습니다. "아동이 교문을 통과하였다고 해서 그들의 인권을 잃는 것은 아니다. 교육은 아동의 고유한 존엄성을 존중하는 방식으로 제공되어야만 하며, 협약 제12조 제1항(아동참여와 의견존중)에 따라 아동이 자신의 견해를 자유롭게 표현할 수 있고, 학교생활에 참여할 수 있도록 보장해야 한다. 또한 협약 제28조 제2항(학교규칙에 대한 원칙)의 취지에 따라 학교에서의 징계는 엄격한 제한을 존중하고 비폭력을 지향하는 방식으로 이루어져야 한다. 위원회는 신체에 대한 체벌 사용은 아동 고유의 존엄성을 존중하는 것이 아니며 학교징계에 엄격한 제한을 가하는 것도 아님을 최종견해를 통해 분명히 확인한 바 있다. 협약 제29조 제1항이 확인하는 가치는 학교에서 사용되는 용어가 모든 의미에서 아동 친화적이고 아동의 존엄성을 전적으로 존중해야 함을 명백하게 요구한다. 학교생활에 대한 아동 참여, 학교공동체와 학생위원회 구성,

또래 교육과 또래 상담 및 교내 징계절차에서의 아동 참여는 권리 실현의 경험과 학습과정의 일부로서 촉진되어야 한다."*

이 글을 쓰면서 저는 일반논평의 내용을 다시 한번 꼼꼼히 읽어보았습니다. 그리고 저의 학창 시절도 떠올려보았습니다. 우리를 위한다는 이유로 정당화되던 신체적·정신적 체벌, 아직 어려서 뭘 모른다는 식으로 치부당했던 경험, 그냥 시키는 대로나 하라던 선생님의 말, 운동장 전체 조회 직후 '귀밑 3cm 이하'라는 기준에 따른 두발 점검에 걸려 머리를 가위로 싹둑 잘리고(저는 남녀공학 중학교를 다닌 여학생이었습니다), 발목양말을 신었다고 양말을 압수당하고, 학교 지정 구두와 코트를 입지 않았다고 벌점을 받았던 일, 또 최우등 성적이 아니면 학급 반장 또는 전교회장 선거에 나갈 생각도 할 수 없었던 기억.

한번은 선생님의 발언이 부적절하다고 생각하여 교무실에 찾아가 문제를 제기한 적도 있었습니다. 한 사람의 대외적인 평판에 부정적인 영향을 미칠 수 있는 발언의 대상이 되었던 친구에 대한 사과와 공식적인 정정이 필요할 것 같다는 의견을 말씀드렸죠. 그러나 그 결과는 부모님께 전화를 걸어 '자녀를 버릇없게 키웠다'고 말하고, 학교 대내외 활동에서 배제하는 것이었습니다. 만약 당시 제가 앞서 제시한 일반논평의 내용과 인권의 의미를 알고 있었다면, 학생과 선생님을 포함한 학교 구성원들이 인권을 고민하고 실천하려 노력했

*   CRC/C/GC/1/para.8

었다면, 소위 '보편적 인권'에 대한 '인권 감수성'을 공유할 수 있는 환경이었다면, 그 시절을 살았던 모두의 학교생활이 조금 더 즐겁지 않았을까 하는 아쉬움을 더해 생각하게 됩니다.

사실, 학교만큼 교육의 목적을 예의주시해야 하는 곳은 없습니다. 아동기의 대부분을 학교에서 보내기 때문인데요. 그런 만큼 학교와 교사 및 학교 관계자들은 항상 교육의 목적을 되새기고, 또 한편으로 아이들의 인권을 존중하면서 학교가 바로 아동인권을 실천하기 위한 현장이 되어야 한다는 사실을 깨달아야 합니다.

학교는 학생을 위해 어떤 역할을 해야 할까요?

이 글을 읽고 있는 학생들에게 묻고 싶습니다. 그리고 한때 학생이었던 독자들에게도 묻고 싶습니다.

교육을 받을 '나의 소중한 권리'를 인식한 적 있나요?

왜 학교를 가야 하는지, 왜 이 학원을 다녀야 하는지 부모님께 물어본 적이 있나요?

왜 내가 학교 가는 대신 다른 일을 하고 싶은지, 학원 또는 과외를 원치 않는지에 대해 부모님을 진지하게 설득해본 적이 있나요?

머리를 기르지 말고 지정된 학교 구두와 실내화만 신고 겨울 코트는 검정색만 입을 것 등의 두발 및 복장의 자유 제한, 야간자율학습, 의무 종교 수업 등에 대하여 왜 이런 교칙이 있는지 선생님께 물어보거나 시정을 건의할 수 있었나요?

학급회의나 학생회 건의 결과 무엇이, 어떻게 해결되었는지 선생님의
설명을 직접 들어본 경험이 있나요?

학교가 어떻게 운영되는지 안내받은 기억이 있나요?

아마 대다수는 "아니요"라고 대답할 것 같습니다. 학교의 주인은
학생이고, 학생은 부모·교사와 함께 교육의 3대 주체라고 하면서, 이
시대의 교육은 학생의 역할로 오직 공부만을 강요합니다. 교육의 목
적과 내용이 지식을 습득하는 데만 있지 않다는 것은 현행법 및 유
엔아동권리협약이나 국제인권규범이 거듭 확인하고 있는 내용인데
도 교육의 목적에 따른 학생인권 증진을 위한 효과적인 대책은 여
전히 마련되지 않고 있습니다.

특히 우리나라에서는 학교의 제1역할로 진학 지도를, 학생의 제
1역할로는 성적 관리를 꼽습니다. 개중에는 "아니에요. 우리 학교
는 안 그래요. 우리는 전인교육에 더 신경을 씁니다"라고 반박하는
학교나 "저는 성적 올리기용 공부보다 제가 뭘 좋아하는지 탐색하
는 데 더 많은 시간을 쏟고 있는데요?"라고 반문하는 학생들도 있
을 겁니다. 남과 조금 다른 목적과 의지를 가진 학생들을 가르치는
일부 대안학교, 자발적으로 홈스쿨링을 택한 부모와 아이들, 특별한
기술이나 역량을 함양하는 데 교육의 방점을 찍는 몇몇 학교들도
분명 존재하지요. 그러나 대한민국 교육의 대세는 역시 2018년 말부
터 화제를 불러 모은 드라마 〈스카이캐슬〉로 집약되는, 이른바 명문

대 진학을 위한 필살기 전쟁입니다.

언제부터인가 우리 사회엔 개천에서 용이 나올 수 없는 분위기가 팽배해졌습니다. 견고한 교육 카르텔 아래 '귀족 용'들의 전략전술 겨루기만 난무할 뿐인데요. 학생 개인의 능력이 '할아버지의 경제력과 엄마의 정보력'을 디딤돌 삼아 계발되는 이런 사회에서는 자칫 인권이라는 말조차 무색하게 들립니다. 어린 시절부터 공부를 잘하면, 그리고 경제력이 있으면 많은 게 용서된다는 사실을 경험하면서 '공부 잘하는 학생 → 명문대 진학 → 고급 직업 획득 → 상류사회 구성원'으로 이어지는 일련의 과정을 체화하는 것입니다. 저는 특히 드라마 〈스카이캐슬〉에서 예빈이라는 중학생 여자아이가 학원 친구들을 선동하여 편의점 물건을 훔치는 장면을 보고 섬뜩함을 느꼈습니다. 아무런 제재가 없는 상황이 의아하다 싶었는데, 아니나 다를까, 편의점 주인과 예빈이 엄마가 모종의 밀약을 맺었더군요. 물건을 훔치는 범죄행위가 있었고, 그 행위는 분명 누군가에게 피해를 끼치는 잘못된 행위였음에도 불구하고 "내 딸에게 그건 게임이고 놀이였을 뿐이다. 어차피 대학 가면 사라질 스트레스다"라고 외치는 예빈이 엄마의 발언은 행위에 대한 책임이 경제적 부에 따라 달라질 수 있는, 인간에 대한 차별이 아이에게도 어른에게도 당연히 받아들여지는 현실을 반영하고 있는 것 같아 참 무서웠습니다.

그러면 아동들에게 가장 확실한 사회화의 기회를 줄 수 있는 학교는 과연 무엇을 해야 할까요? 우리는 정말 학교에서 인간으로서 살아가는 데 필요한 인권 감수성을 배양하고, 그것을 모두에게 적용하는 법을 배우며, 인간을 비롯한 모든 생명이 정의롭고 평등하게 살아가는 사회를 만드는 데 앞장설 수 있는 능력을 키울 수 있을까요?

학생인권조례

학생인권조례는 '학생의 인권이 학교의 교육과정에서 제대로 실현될 수 있도록 하기 위해서, 그리고 학생으로서 당연히 누려야 할 존엄과 가치 및 자유와 권리를 보장하기 위해 제정한 조례'입니다.

현재 전국에는 4개의 학생인권조례가 제정되어 있습니다. 2010년 10월 5일 경기도 학생인권조례가 최초 제정된 이후, 2011년 10월 5일에 광주광역시 학생인권 보장 및 증진에 관한 조례, 2012년 1월 26일에 서울특별시 학생인권조례, 2013년 7월 12일에 전라북도 학생인권조례가 차례로 제정되었고, 2018년 제7차 지방선거에 출마한 다수의 진보교육감 후보들은 학생인권조례 제정을 공약으로 제시하기도 했습니다.

누리과정으로 통합된 어린이집·유치원부터 초·중·고등학교 및 학원을 포함한 사교육 시설까지, '학교'로 대표되는 교육 공간은 아동기 대부분의 시간을 보내는 공간입니다. 모든 개인은 배움을 통하여 저마다 타고난 능력과 소질을 계발할 수 있는바, 아동기의 교육은 아동의 특별한 발달 능력 및 무한한 잠재력의 발현을 촉진하고 인격을 형성하며, 사회 공동체에 나가 자립할 수 있는 삶의 기술을 학습하는 중요한 과정입니다. 따라서 학교는 지식과 기술을 습득하는 것에 더하여 삶에 대한 태도를 학습할 수 있도록, 인간으로서의 존엄과 가치를 유지하며 행복하고 인간다운 생활을 추구하는 데 필요한 거의 모든 것을 가르치고 배우는 교육과정을 제공해야 합니다. 우리는 학생인권조례에서 '인권 존중, 보호, 실현 및 증진'이라는 교육과정의 중요한 목적을 확인할 수 있습니다.

경기도 학생인권조례

제1조(목적)　　이 조례는 〈대한민국헌법〉 제31조, 〈유엔 아동의 권리에 관한 협약〉, 〈교육기본법〉 제12조 및 제13조, 〈초·중등교육법〉 제18조의 4에 근거하여 학생의 인권이 학교교육과정에서 실현될 수 있도록 함으로써 인간으로서의 존엄과 가치 및 자유와 권리를 보장하는 것을 목적으로 한다.

광주광역시 학생인권 보장 및 증진에 관한 조례

제1조(목적)　　이 조례는 학생의 인권에 관한 광주광역시교육청 및 관할 학교와 교직원·학생·보호자 등 지역사회 구성원의 책임과 역할을 정하고 학생인권 보장 및 증진에 관한 사항을 규정하여 인권이 존중되는 학교와 지역사회를 실현하는 것을 목적으로 한다.

서울특별시 학생인권조례

제1조(목적)　　이 조례는 〈대한민국헌법〉, 〈교육기본법〉 제12조 및 제13조, 〈초·중등교육법〉 제18조의4 및 〈유엔 아동의 권리에 관한 협약〉에 근

거하여 학생의 인권을 보장함으로써 모든 학생의 인간으로서의 존엄과 가치를 실현하며 자유롭고 행복한 삶을 이루어나갈 수 있도록 하는 것을 목적으로 한다.

전라북도 학생인권조례

제1조(목적)　　이 조례는 〈대한민국헌법〉, 국제연합 〈아동의 권리에 관한 협약〉, 〈교육기본법〉, 〈초·중등교육법〉에 근거하여 학생의 인권이 학교교육과정과 학교생활에서 실현될 수 있도록 함을 목적으로 한다.

그런데 일각에서는 학교 현장과 관계된 일련의 사태들이 학생인권조례의 '부작용'이라고 주장하기도 합니다. 지난 2018년 1월 3일 펜앤드마이크라는 인터넷 기반 미디어에 실린 「**학생인권조례 부작용 속출… 가장 큰 피해자는 학생**」이라는 제목의 기사는 학생인권조례가 학교, 학생, 교사, 학부모 모두에게 좋지 않은 영향을 미친다는 내용을 골자로 합니다.

〈학생인권조례〉는 '차별받지 않을 권리'라는 명목으로 학생의 임신과 출산 및 동성애자가 될 수 있는 권리를 보장한다. 또한 '폭력으로부터 자유로울 권리'라는 명목으로 체벌을 거부할 수 있는 권리, '사생활 보장의 권리'라는 명목으로 소지품 검사를 거부할 수 있는 권리, '자유로운 의사표현의 권리'라는 명목으로 학교 내 집회의 자유를 가질 권리를 보장한다.

글을 쓴 기자는 '교실혁명 통해 학교·가정 해체 진행 중'이라고 걱정하면서 "현재 학생인권조례가 제정된 지역에서 발견할 수 있는 가장 뚜렷한 현상은 학력저하다"라고까지 주장하고 있습니다.

QR코드를 스캔하여 기사 전문을 읽고 친구들과 토론하는 시간을 가져보면 좋겠습니다.

그러나 '차별받지 않을 권리'는 임신과 출산의 경우에도 교육에 대한 아동의 권리를 보장하기 위한 약속이자, 성소수자 아동 등의 다름에 대한 배척이 아닌 인정이며, 학생은 덜 배우고 덜 자라 부족한 존재가 아니라 현존하는 인간임을 확인하자는 너무도 당연한 인권의 내용을 다시 한 번 강조한 것입니다. 학생에게 유무형의 영향력을 행사하는 일체의 폭력은 당연히 금지되어야 해요. 친구 관계, 부부 관계, 직장 동료와의 관계 등 이 세상 어디에도 폭력이 정당한 수단이 되는 인간관계란 존재하지 않습니다. 학교라고 다르지 않아요. 예를 들어 교사가 꼭 필요한 과정이라고 판단하여 학생의 소지품 검사를 하게 된다면, 먼저 학생에게 언어적 표현으로 질문하고 검사를 진행해야 합니다. 그리고 검사의 대상이 되는 학생을 신뢰해야 합니다. 작은 일 하나에서도 존중받는 경험이 쌓이면 아이들은 자연스레 남을 존중하는 어른으로 자라게 됩니다. 우리가 사회적 존재로서 누려야 할 모든 기본적 인권은 제한이 아니라 인정이 원칙이 되어야 합니다. 이 같은 인식과 배려 없이 이루어지는 학생인권조례에 대한 낱낱한 지적과 비판은, 결국 교사와 학생의 위계와 권력관계, 완성되지 않은 존재에 대한 편견, 인권교육에 대한 오해를 그대로 드러낼 뿐입니다.

단언컨대, 교문 안팎을 불문하고 '인권'의 주체와 '인권'에 대한 해석이 달라질 수는 없습니다. 인권이란 인간으로서의 기본적 권리를 의미하며, 학생인권조례는 학생 또한 존중받아 마땅한 인간이기에 이들의 인권이 보장되는 학교 환경을 조성하기 위한 것입니다. 이는 인권을 지향하는 교육과정 속에 인권의 의미를 알고, 인권을 주장하고, 인권을 실천하며, 상대방의 인권을 존중하는 과정입니다.

유사 이래 인권의 경계는 끊임없이 세워지고 무너지며 재구성되어 왔습니다. 인권의 경계가 교문의 문턱을 분명히 넘게 될 때, 비로소 진정한 의미의 '교육의 목적'이 실천될 수 있을 것입니다.

생각해봅시다!

학생인권조례는 최초 제정 당시부터 지금까지 계속하여 그 필요성과 실효성에 문제가 제기되고 있습니다. 가장 대표적인 것은 학생인권 보장에 따른 학생들의 방종 주장입니다. "학생 인권은 당연히 보장돼야 하지만 나쁜 학생인권조례가 보장하려는 '인권'은 학부모들이 생각하는 것과는 전혀 다른 의미를 지니고 있다. … 미성숙한 청소년이 동성애·임신·출산 등을 자기 하고 싶은 대로 할 수 있는 자유를 주자는 개념으로, 사실상 방종에 가깝다"는 모 일간지의 기사*가 대표적인 예입니다.

그다음으로 가장 빈번하게 지적되는 것이 교권 침해 주장입니다. 일례로 학생인권조례 공포 후 경기도교육청에 접수된 '교권침해' 사례는 직전 해 130건에서 1,691건으로 급증했다고 하는데요. 체벌이 금지됨에 따라 학생들을 지도할 수 있는 '통제 수단'이 사라졌다는 하소연도 있습니다. 2018년 1월 11일에는 아예 서울행정법원에 '서울특별시 학생인권조례 무효확인소송'이 접수되었습니다.

---

* 백상현, 「학생인권 조례는 양심·신앙의 자유 침해… 폐지시켜야」, 국민일보, 2018.2.21.

상위법의 위임 없이 조례에 근거하여 학생인권옹호관이라는 행정 기구를 설치할 수는 없으며, 학생의 사생활의 비밀과 자유, 양심·종교 및 표현의 자유 보장, 성적 지향 및 성별 정체성을 포함한 차별받지 않을 권리를 명시함으로써 학생의 올바른 육성을 목적으로 하는 교육 사명에 반한다는 논리입니다.[*]

학생의 인권 보장은 교사의 인권침해를 초래하고, 학생의 권리 남용을 촉진하며, 교육의 목적에 부합하지 않는다고 합니다. 이처럼 학생의 인권 문제에 대해서는 유달리 회의적인 시각이 많습니다. 인권은 모든 인간의 당연한 권리임에도, 학생의 인권은 보통의 인권과 특별히 다른 문제, 혹은 '달라야 하는 것'일까요? 교육의 참목적과 아동인권적 관점에서 우리는 이제 학생의 인권이 지닌 본연의 의미를 생각해보면 좋겠습니다.

---

[*] 김진영, 「서울시 교육감 후보들, 학생인권조례 폐지해 달라」, 크리스천투데이, 2018.5.17.

소년법이
왜 필요하냐구요?

#소년사법 #보호처분 #다이버전

아동을 위한 법, 소년법

때로 아이들이 법을 위반하거나, 누구에게 피해를 발생시켰을 때, 우리나라 법은 아동에게 오롯이 그 책임을 묻지 않습니다. 아동의 잘못에 대한 책임은 부모를 포함한 우리 사회 전체에 있다는 원칙하에, 처벌하기보다는 아동이 그 행동이 잘못된 것임을 알고 반복하지 않을 수 있도록 알려주는 제도를 두고 있습니다. 바로 '소년사법juvenile justice 제도'인데요, 〈소년법〉은 우리나라 소년사법 제도의 기본법입니다.

소년법에서 말하는 '소년少年'이란 한자에서 확인할 수 있는 것처럼 '나이가 어린 사람', 만 19세 미만인 사람을 의미하는데요, 우리 민법이 정하는 미성년 나이와 같습니다. 소년법은 제1조에서 다음과 같이 그 목적을 밝히고 있습니다.

"이 법은 반사회성反社會性이 있는 소년의 환경 조정과 품행 교정矯正을 위한 보호처분 등의 필요한 조치를 하고, 형사처분에 관한 특별조치를 함으로써 소년이 건전하게 성장하도록 돕는 것을 목적으로 한다."

내용을 좀 더 자세히 풀어볼게요. 첫째, '소년법'은 범죄행위 등 사회질서에 반하는 행동을 한 소년에게 일반 형사법에 따른 처벌 대신 보호처분을 부과하거나, 형사처분을 하는 경우에도 예외적인 절차를 규정하는 법입니다. 둘째, '보호처분'은 소년에게 부정적인 영향을 미치는 생활환경을 조정하고 잘못된 행동이나 생각을 바로잡기 위한 처분입니다. 셋째, 소년법을 둔 이유는 소년의 건강한 성장을 돕기 위해서입니다. 즉, 소년법은 소년의 범죄행위가 개인의 문제가 아니라는 것을 전제하고 있는 것이지요.

아동·청소년 범죄의 양상이 점점 더 지능화되고 잔혹해지며, 날이 갈수록 점점 더 어린 연령의 아이들이 범죄에 개입하게 되는 배경에는 '현재 우리 사회의 민낯'이 있습니다. 인터넷과 스마트폰이 일상적으로 활용되면서 아이들의 삶도 일찍부터 다양한 매체에 노출되고 있으며, 과거와 비교할 수 없을 만큼 많은 정보가 범람하게 되어 아동의 신체적·정신적·정서적 발달에 직·간접적인 영향을 미칠 수밖에 없는 상황입니다. 다양한 배움과 경험, 숙고와 판단 과정을 통해 자아와 가치관을 명확하게 형성하기 이전에 접하게 되는 선정적이고 잔인한 정보들은 아동들을 어두운 세계로 유혹합니다. 범죄에 호기심을 갖게 하고, 폭력적인 행동에 익숙해지게 만들고, 가치판단에 무감하고 무능한 어른으로 자라게 합니다.

요즘 아이들이 흠뻑 빠져 지내는 유튜브 콘텐츠들을 생각해봅시다. 물론 콘텐츠 중에는 실생활에 도움이 되는 정보들도 많습니다. 수학문제를 정확하게 푸는 방법, 영어 단어 암기법, 한국사의 사건들을 재미있게 외우는 요령, 뜨개질하는 법, 핫케이크나 브라우니를 맛나게 만드는 법, 반려견의 귀와 이를 깨끗이 닦아주는 방법 등 유용한 정보가 많은 것도 사실이에요. 문제는 흥미 위주로 만들어지는 위험하고 자극적인 콘텐츠도 점점 더 많아지고 있다는 점입니다. 일부 BJ(Broadcasting Jockey)들이 음식을 던지거나 볼썽사납게 먹어치우는 장면, 물건을 던지거나 부수는 행위, 심한 욕설을 거르지 않고 내보내는 것 등이 그 예인데요, 문제는 나이가 어릴수록 이런 자극적인 콘텐츠에 열광하며 빠져들기 쉽다는 것, 그리고 이런 데 익숙해질수록 공정한 판단력과 인권감수성은 점차 둔감해진다는 것입니다. 이런 현실을 간과한 채 아동·청소년 범죄가 갈수록 흉포해진다면서 처벌의 수위를 운운하는 것은 참으로 무책임한 처사가 아닐까요?

사실 소년법의 주요 목적은 범죄에 대한 응보retribution나 억제repression가 아니라 아동의 사회복귀rehabilitation와 사회재적응reintegration에 있습니다. 연속적인 발달과정에서 성인보다 유연하게 변화하고 성장할 수 있는 아동의 잠재력을 인정하고, 성인보다 환경에 더 큰 영향을 받으며 충동적이고 우발적인 행동을 할 수 있다는 아동의 특수성을 고려한 제도인 것입니다. 점진적으로 발달하는 아동의 능력evolving capacity을 실현하고자 하는 것이 바로 소년사법입니다.

유엔아동권리협약 제40조
당사국은 형사피의자나 형사피고인, 유죄로 인정받은 모든 아동이 인권과 타인의 기본적 자유를 존중하고, 인간의 존엄성과 가치에 대한 의식을 촉진할 수 있는 방식으로 처우 받을 권리가 있음을 인정하며, 아동의 연령과 함께 사회복귀 및 사회에서 맡게 될 건설적 역할의 가치를 고려해야 한다.

소년법의 적용 대상

그렇다면 이러한 소년법은 누구에게 적용되는 것일까요? 앞서 소년법상 소년은 만 19세 미만인 사람이라고 했는데, 범죄를 행한 만 19세 미만 모두를 대상으로 하는 것일까요?

먼저 알아야 할 부분은 우리나라 형법상 만 14세 미만인 아동은 형사미성년자로서 형벌을 부과할 수 없다는 점입니다. 형사사법절차를 적용할 수 있는 최저연령The Minimum Age of Criminal Responsibility을 정하는 것은 국제사회가 합의한 약속입니다. 만약 최저연령을 설정하지 않으면 개별 사안마다 아동이 범죄를 행할 능력이 있었는지 여부를 법관이 심리하여 판결하게 될 텐데, 이는 재판을 장기화하고 법관의 자의성이 지나치게 높아진다는 우려가 제기될 수 있습니다. 따라서 아동의 발달 능력에 대한 믿음을 전제로, 일정 연령 이하인 아동은 개별적 능력을 묻지 않고 언제나 형사 기소되지 않을 수 있도록 보장하자는 것이지요.

한편, 우리나라의 소년법은 반사회성이 있는 소년의 신체의 자유, 거주·이전의 자유를 박탈하는 등 강제적 조치를 취할 수 있는 사법제도입니다. 형사법에 따른 책임을 부담하지 않는 경우에도 보호처분이라 하여 사실상의 구금 상황에 놓일 수 있지요. 현행 제도의 성격에 비추어볼 때, 우리나라에서는 소년법상 보호처분이 가능한 최저연령을 국제사회가 정의하는 형사책임 최저연령으로 보아야 합니다.

형사책임 최저연령과 관련하여, 2007년 발표된 유엔아동권리위원회가 채택한 일반논평은 아동의 정서적·정신적·지적 성숙도를 고려하여 형사책임 최저연령을 너무 낮은 수준으로 정해서는 안 되며, 최소한 만 12세 이상으로 정할 것을 제시하고 있었습니다.[*] 하지만 최근 유엔아동권리위원회는 위 견해를 수정하는 일반논평 초안을 발표하였습니다. 유엔아동권리위원회는 한국을 포함하여 전 세계적으로 법을 위반한 아동에 대한 처벌을 강화하자는 목소리가 커지는 흐름을 우려하며 소년사법에 대한 이전의 일반논평을 수정하는 작업을 진행하고 있었는데요, 그에 따라 2018년 11월 발표된 수정 일반논평 초안은 이전 일반논평이 형사책임 최저연령으로 언급한 12세도 너무 낮으며, 최소한 14세까지 상향할 것을 권고하는 내용을 담고 있습니다. 만약 형사책임 최저 연령을 14세로 정하고 있다면 어떠한 이유로도 그 연령을 낮추지 말 것도 강조하였구요.[**] 우리나라 소년법 역시 최저연령을 두고 있습니다. 다만, 앞서 살펴보았듯 그 연령 기준은 14세도, 12세도 아닌 만 10세입니다. 만 10세 이상인 경우에

[*] 유엔아동권리위원회 채택 일반논평 제10호(2007) 「소년사법제도에서의 아동권리」 (CRC/C/GC/10, para. 32)
[**] 유엔아동권리위원회 채택 일반논평 제10호를 수정한 일반논평 제24호 초안, 「소년사법제도에서의 아동권리」, CRC/C/GC/24, para.33.

는 소년법에 따른 보호처분이 부과될 수 있으며, 그에 따라 일정한 행동의 자유가 제한되고 박탈될 수 있습니다. 소년사법 제도 운영에 있어 국제사회가 지향하는 방향에 반하고 있음을 알 수 있습니다.

한편, 형사책임 최저연령 외에 다른 문제도 있습니다. 아래 표를 보면, 뭔가 이상하지 않나요? 보호처분은 "앞으로 형벌 법령에 저촉되는 행위를 할 우려가 있는 소년", 즉 아동이 형사 범죄를 저지른 경우가 아닐 때에도 부과될 수 있습니다. 우르르 몰려다니며 주변 사람들을 불안하게 했다거나, 가출을 하거나 음주·흡연을 하거나, 유해하다고 지정된 음란물을 보거나, 경마장에 가는 것만으로 보호처분 사유가 될 수 있다는 뜻이에요. 즉, 성인에게는 아무 문제없고 처벌의 대상도 되지 않는 행위가, 아동이 행했을 때는 국가가 강제력을 행사할 수 있는 행위가 된다는 것입니다. 이를 소위 지위비행status offenses이라고 합니다. 소년사법과 관련한 국제인권규범들은

구분	대상	연령
범죄소년	죄를 범한 소년 **보호처분 외 형사처벌도 가능함	14세 이상~19세 미만
촉법소년	형벌 법령에 저촉되는 행위를 한 소년	10세 이상~14세 미만
우범소년	다음의 각 사유가 있고 소년의 성격이나 환경에 비추어 앞으로 형벌 법령에 저촉되는 행위를 할 우려가 있는 소년 • 집단적으로 몰려다니며 주위 사람들에게 불안감을 조성하는 성벽性癖이 있는 것 • 정당한 이유 없이 가출하는 것 • 술을 마시고 소란을 피우거나 유해환경에 접하는 성벽이 있는 것	10세 이상~19세 미만

이러한 지위비행을 처벌하지 말 것을 강조하고 있는데요, 이는 단순히 연령을 기준으로 하는 차별이며, 개인적 특성을 이유로 한 인간을 잠재적 범죄자로 간주하며 비행아동에 대한 사회적 낙인을 강화하는 부정적인 결과를 초래하기 때문입니다.

　사회가 '비행'으로 간주하는 아동의 일탈행동은 대개 단순히 '행위'에 불과합니다. 만약 그러한 행동이 타인에게 피해를 미친다면, 무엇이 문제인지, 어떻게 해야 하는지 알려주는 것이 우리 사회가 우선적으로 해야 할 일 아닐까요? 인간의 자유와 권리를 최대한 보장하기 위한 국가의 의무는 첫째가 '개입하지 않는 것'인데, 아동의 경우에만 개입이 우선시된다는 것은 모순일 수밖에 없습니다.

청소년 비행예방을 위한 유엔지침 (리야드가이드라인) 제56조

56. 청소년과 관련한 낙인찍기, 희생양 만들기, 범인 취급을 방지하기 위해, 성인이 했을 경우에는 범죄로 인식되지 않거나 처벌받지도 않는 행위를 청소년이 행할 경우에도 범죄가 되지 않고 처벌되지 않도록 보장하는 법률이 제정되어야 한다.

유엔아동권리위원회 채택 일반논평 제10호

8. 형법에서 종종 심리적 또는 사회경제적 문제의 결과로 야기된 아동의 행동상의 문제, 가령 부랑생활, 무단결석, 가출 등을 범죄로 금지하는 조항을 포함하는 경우는 매우 흔한 일이다. 소녀와 거리의 아동이 종종 그러한 범죄의 희생자가 되고 있다는 점은 특히 우려할 만한 사항이다. 지위비행

으로도 알려진 이와 같은 행동을 성인이 저지른 경우에는 범죄가 되지 않는다. 위원회는 법적 차원에서 아동과 성인의 동등한 대우를 확립하기 위해 지위비행에 관한 조항을 폐지할 것을 당사국에 권고한다.

보호처분과 다이버전

소년법이 열거하는 10개의 보호처분은 다음과 같습니다.

■ **소년법에 따른 보호처분의 종류와 그 내용**

종류	처분 내용	기간(연장)	적용 연령
1호	보호자 또는 보호자를 대신하여 소년을 보호할 수 있는 자에게 감호 위탁	6월 (+6월)	10세 이상
2호	수강명령	100시간 이내	12세 이상
3호	사회봉사명령	200시간 이내	14세 이상
4호	보호관찰관의 단기(短期) 보호관찰	1년	10세 이상
5호	보호관찰관의 장기(長期) 보호관찰	2년 (+1년)	10세 이상
6호	〈아동복지법〉에 따른 아동복지시설이나 그 밖의 소년보호시설에 감호 위탁	6월 (+6월)	10세 이상
7호	병원, 요양소 또는 〈보호소년 등의 처우에 관한 법률〉에 따른 소년의료보호시설에 위탁	6월 (+6월)	10세 이상
8호	1개월 이내의 소년원 송치	1월 이내	10세 이상
9호	단기 소년원 송치	6월 이내	10세 이상
10호	장기 소년원 송치	2년 이내	12세 이상

그리고 우리 법상 위와 같은 보호처분은 형사처벌을 대체하는 대

안적 처분(다이버전)의 한 유형으로 볼 수 있습니다. 아동의 발달적 특성에 대한 이해를 전제로, 가능한 한 사법절차에 회부하지 않고 개별 아동에 맞는 교육과 상담 등 적절한 조치를 취하고 다양한 사회서비스를 제공하자는 것이지요. 이는 '전과前科'라는 낙인찍기를 방지할 뿐만 아니라, 아동 당사자에게도 긍정적인 기회로 작용하여 사회적 비용 절감에도 효과가 있다고 입증된 바 있습니다.

그렇다면 아동에게 형사처벌 아닌 대안적 조치를 취하여 아동의 긍정적 회복을 지원하고자 하는 보호처분은 과연 그 목적에 맞게 운영되고 있을까요? 사실 지난해부터 거듭 언론에 보도되고 있는 청소년들의 집단폭행·성폭행 사건들은 우리나라 소년사법 제도가 적절하게 운영되지 못하고 있는 실태를 반증한다 해도 과언이 아닙니다. 특히 청소년 비행을 예방하고, 안전하고 건강한 환경에서 성장할 권리를 보장해야 할 국가의 의무 불이행을 확인하는 대목이기도 합니다. 이게 무슨 말이냐고요?

현재 전국에는 10개의 소년원(광주·대구·대전·부산·서울·안양·전주·제주·청주·춘천)이 있는데요, 이 중 여자소년원은 10개 중 2개 기관으로, 안양과 청주에 있습니다. 수용 정원을 살펴보면, 대전소년원이 180명으로 가장 크고, 부산소년원은 170명, 서울소년원은 150명입니다. 총합하면 전국 소년원의 최대 수용 정원은 1,250명입니다. 그런데 2018년 국정감사에서 제시된 '최근 5년간 소년원 수용률'에 대한 법무부 자료에 따르면, 1일 평균 1,612명을 수용하고 있어 정원 대비 수용률이 129%에 달했습니다. 성인 교정 시설이 수용인원

47,820명 대비 1일 평균 57,298명으로서 120%의 수용률을 보인 것보다 높은 수치입니다. 특히 서울소년원은 1일 평균 246명이 수용되어 150명 정원 대비 수용률이 164%였고, 안양소년원의 수용인원도 1일 평균 147명으로 80명 정원 대비 183.8%의 수용률을 보였습니다. 소년원 생활실을 4인 이하 소규모로 개선하는 사업이 점차 진행되고 있다지만, 서울소년원이나 안양소년원은 여전히 10명 전후의 인원이 한 방을 사용합니다. 상상해보세요. 10명이 이용할 수 있는 공간을 16~19명이 함께 사용하는 모습을. '숨 막히게 빽빽하다'는 표현이 과하지 않을 것 같습니다. 게다가 10대 중후반의 예민하고 민감한 시기에, 여러 가지 사유로 감정 조절에 어려움이 있는 사람들입니다. 나의 행위를 조용히 생각할 기회를 갖기는커녕, 되레 화가 나지 않을까요?

소년범의 95%는 생계형 범죄라고 합니다. 즉, 아동이 비행 또는 범죄행위에 이르게 되는 배경에 보호자 부재나 가정불화·빈곤·가정폭력과 아동 학대 등 불안정한 가정환경이 있었다는 의미입니다. 혹은 선천적으로 예민하거나 충동적인 기질이 과한 아이들의 경우 이런 감정을 조절하고 타인과 조화롭게 관계를 유지하는 방법을 배우고 연습하는 과정이 필요한데도, 지속적인 관심과 배려를 제공받지 못한 결과일 수도 있습니다. 그리고 정부는 "이러한 아이들에 대한 소년법상 보호처분은 심리적·정서적 회복과 안정, 사회복귀 과정을 조력하는 교육적 조치이다"라고 주장합니다. 그런데 위와 같은 과밀 수용 상황에서 소년원의 교육 프로그램이 과연 정상적으로 작동할 수 있을까요?

소년원 내부에서의 인권침해도 적지 않게 보고되고 있습니다. 방과 복도, 화장실과 샤워실에 위치한 CCTV, 독방에 가두는 징계, 냉온수 샤워도 보장되지 않는 환경, 면회·편지·전화 통화 등 외부와의 교류를 제한하는 규칙 등의 물리적 구속과 함께 '범죄행위를 한 사람'에 대한 통제와 관리를 소년원의 목적으로 생각하는 관계자들의 태도까지, 거의 모든 것이 그렇습니다.

한편, 소년분류심사원은 법을 위반한 행위로 소년재판을 받게 될 아동에게 진정 변화의 계기가 될 수 있는 의미 있는 보호처분이 제공될 수 있도록, 그 결정에 필요한 정보를 취합하기 위해 일정 기간 아동의 개별적 특성을 검토하고 조사하는 기관입니다. 법원 소년부는 심리에 앞서 최대 2개월까지 소년분류심사원에 아동을 위탁할 수 있습니다. 이는 특히 가정과 갈등 상황에 있는 등 안정적인 주거 환경을 찾지 못한 채 가출과 같은 상황에 노출되어 생계를 이유로 또 다른 법 위반 행위를 저지르는 것을 방지하며 아동의 안전 또한 보호하기 위한 조치입니다. 구체적으로 〈보호소년 등의 처우에 관한 법률〉 제24조는 "분류심사는 소년의 신체, 성격, 소질, 환경, 학력 및 경력 등을 조사하여 비행 또는 범죄의 원인을 규명하고 심사 대상인 소년의 처우에 관하여 최선의 지침을 제시하는 것을 목적으로"하며, "분류심사를 할 때에는 심리학·교육학·사회학·사회복지학·범죄학·의학 등의 전문적인 지식과 기술에 근거하여 보호소년 등의 신체적·심리적·환경적 측면 등을 조사·판정하여야 한다"고 정하고 있습니다. 그런데, 이처럼 중요한 기능을 하는 소년분류심사원은 전국에 서울소년분류심사원 단 1개뿐이며, 소년분류심사원이 없는 지역에서는 부산·대구·광주·춘천·제주소년원이 그 업무를 대행하고 있습니다. 분류심사를 위한 기관이 턱없이 부족할 뿐만 아니라, 행위에 대한 처분이 확정되기 전부터 폐쇄적으로 운영되는 건물에 수용되어 사실상 소년원 송치처분과 유사한 처우를 받게 된다는 문제가 있지요. 또한 전국 곳곳의 시설에 나뉘어 위탁되는 까닭에 분류심사원 위탁 처분을 받은 아동의 장거리 이동이 불가피한 상황은 해당 아동이 가족 또는 친구와 교류할 기회를 극히 제한하게 됩니다. 나의 행동을 돌아보고 반성의 계기를 갖기 위해서는 우선 심리적·정서적 안정이 필요할 텐데, 사회적 지지가 될 수 있는 사람들로부터 단절된 환경은 오히려 불안요소가 되지 않을까요?

2017년 기준 서울소년분류심사원의 수용률은 정원 대비 139%로, 초과 수용이 심각한 상황이었습니다. 심사원에 위탁된 동안 진정분류를 위한 다각적인 심사를 진행하며, 이 과정에서 필요한 상담도 제공하고, 적절한 교육도 이루어져서 아동이 보호처분을 받지 않고도 사회에 복귀할 수 있게 하는 기회가 되어야 할 텐데, 과연 우리나라의 소년분류심사원은 그 기능을 잘 할 수 있는 걸까요? 소년분류심사원에서 일하는 사람들은 적정 인원을 훨씬 초과하는 많은 아이들의 특성을 충분히 이해하고 고민할 수 있는 걸까요?

법원에서 소년분류심사원 임시위탁 처분을 받은 한 아동은 재판

직후 소지하고 있던 소지품을 "빼앗겼다"고 말했습니다. 소년분류심사원에 처음 들어갔다는 한 아동은 첫 일주일 동안 수차례 신입방에서 심사원 규칙 61개 조항을 깜지 썼다고 했고요. 생활실에서 팔굽혀펴기를 하거나 같은 방에 있는 친구와 수다를 떨 경우, 그 즉시 각 방에 있는 스피커를 통해 "팔굽혀펴기를 하지 않습니다, 옆 학생과 대화하지 않습니다"라고 지시하는 군대식 통제 방송이 즉각 흘러나온다고 합니다. 아무것도 하지 말아야 하는데 운동도 하고 이야기도 했으니, 당연히 벌점은 부과되지요. 아이들에 대한 지속적인 관찰과 상담을 진행하는 대신 통제된 생활환경을 얼마나 잘 견디는지 지켜보는 것이 아이들의 특성을 이해하고 적절한 처분을 결정하기 위한 과정일까요? 한편, 분명 법에서는 심리학·교육학·의학 등 다양한 방면의 전문적인 지식과 기술을 바탕으로 아동의 신체적·심리적·환경적 측면 등을 조사·판정하여야 한다고 정하고 있는데, 심리검사나 상담 등을 어떻게 받았는지 제대로 기억하는 아동은 거의 없었습니다. 아이들이 기억을 못 하는 것뿐, 실제로 조사와 상담을 했다 하더라도, 이 조사를 왜 하는지, 무슨 의미가 있는지, 결과는 어떠한지 당사자에게 상세하게 안내하지 않았다면, 그래서 기억을 못 하는 것이라면, 그 행위 자체가 무의미한 것이 아닐까요? 의문이 들지 않을 수 없습니다.

생각해봅시다!

2017년에 이어 2018년에도 소년법 폐지에 대한 청원이 계속되고 있습니다. 그 내용을 함께 읽어볼까요?

- 피해자인 우리 아이가 죄인처럼 숨어 지내야 하고, 가해자인 아이들이 더 떳떳하고 자랑스럽게 생활하고 있다는 현실이 너무 원망스럽습니다. 그 소년들이 제대로 된 처벌을 받을 수 있도록, 다시는 재범의 생각이 들지 않도록 더 강한 법의 심판을 부탁드립니다.
- 소년법 때문에 처벌이 너무 미약하여 피해자가 억울해하고 법이 국민을 보호해주지 못한다고 생각합니다. 가해자들은 뉘우치기는커녕 법을 너무 잘 알고 있어 오히려 떳떳하게 다니고 있고 피해자는 두려움에 떨고 있습니다.
- 시대가 바뀌면서 청소년들의 사춘기 연령대는 더욱더 어려지고 있고 신체 발달, 정신적 발달 등이 빨라지고 있다고 생각합니다. 모든 것이 그들을 마냥 어리다고만은 할 수 없는 시대가 왔습니다. 어리고 힘없는 피해 청소년들의 마음을 생각해서라도, 소년법의 폐지를 공론화해주시기를 대통령님께 간곡히 바라고 청원합니다.

여러분의 생각은 어떤가요? 정말 소년법은 범죄행위에 비해 처벌이 너무 약해 재범 예방에 전혀 기여하지 못하고, 오히려 범죄행위를 부추기는 결과만 초래할 뿐일까요? 과연 우리는 법을 위반한 그들을 단순히 '가해자'로만 비난할 수 있을까요?

아동은 연속적인 성장 과정에서 인간으로서의 권리를 향유하며 성장하고, 이를 통해 사회적 인간으로서의 책임의 무게를 학습합니다. 그런데 오늘날 넘쳐나는 유해 정보들과 노키즈존·맘충이라는 표현이 만연하는 등 타인에 대한 편견과 혐오가 일반화된 사회적 시각들 속에서, 또래 또는 사회집단과 충분히 교류하며 상호 존중의 가치를 알고 또 휴식과 여가를 통해 스스로를 되돌아볼 수 있는 기회를 박탈당한 오늘날의 아동들에게, 우리는 '인간으로서 알아야 할 마땅한 덕목을 알지 못하고 실천하지 못했음'만을 이유로 돌을 던질 수 있는 걸까요? 이들 역시 안정적이고 행복한 성장과정을 보호받을 권리, 온전한 삶을 영위할 수 있도록 교육받을 권리를 박탈당한, 남과 다르다는 이유로 차별받고, 참여의 기회를 빼앗긴 우리 사회의 피해 아동들인데 말입니다.

문재인 대통령은 취임식에서 "기회는 평등하고, 과정은 공정하며, 결과는 정의로운 사회"를 약속했습니다. 아동 역시 우리 사회의 일원이며, 정의로운 사회가 필요로 하는 가치의 중요성을 알아야 할 구성원입니다. 소년범죄의 중대성과 높은 재범률이라는 현실을 마주함에 있어, 아동의 관점에서 지금 이 사회를 돌이켜볼 필요가 있습니다.

혐오의 대상이
되어버린 아동

#노키즈존

연령은 차별의 이유가 될 수 없다

오늘날 우리 사회엔 혐오가 만연합니다. 제주도 예멘 난민 문제, 양심적 병역 거부 논란, 동성애와 탈코르셋 운동을 둘러싼 구세대와 신세대의 대립 등을 둘러싸고 난민 혐오, 외국인 혐오, 종교 혐오, 성 혐오와 같은 '혐오와 혐오의 대결'이 넘쳐납니다. 이러한 혐오 표현으로 인해 엄마는 '독박육아'를 강요받는 데다가, '맘충'이 되어 사회에서 배제되기까지 합니다. 여기서 오는 '육아 부담'은 출산과 양육을 기피하는 사유가 되었고, 최근 이슈가 된 노키즈존No Kids Zone은 아예 아동을 잠재적 위험 집단으로 간주하면서 그들의 존재 자체를 부정적으로 여기는 지경까지 이르렀지요.

노키즈존은 아동의 출입을 금지하는 음식점이나 카페 등을 이르는 신조어입니다. 주로 영유아 및 어린 연령의 아동과, 아동을 동반한 사람의 출입을 금지하며, 때로 중·고등학생과 같은 특정 연령대 아동의 출입을 금지하는 경우(노틴에이저존, 노스쿨존)도 있습니다.

한편, 해외에서도 노키즈존과 유사한 개념은 있습니다. 미국에서는 아동 금지child ban, 영국이나 호주에서는 아동 없는 레스토랑child free restaurants, 아동 없는 장소child free venue 등으로 불립니다. 비행기 내 콰이엇 존quiet zone을 설정하여 영유아를 동반한 고객은 별도의 구역을 이용하도록 하는 해외 항공사도 있습니다. 이와 관련하여, 유엔아동권리위원회는 2013년 채택한 일반논평 제17호에서 아동에 대한 공공장소 사용이 제한되는 현실resistance to children's use of public spaces을 우려하기도 하였습니다.

◆ 유엔아동권리위원회 채택 《일반논평》 제17호(2013) 「휴식, 여가, 놀이, 오락 활동과 문화생활, 예술에 대한 아동의 권리」

아동의 놀이, 오락, 문화활동을 위한 공공장소 사용 역시 방해를 받고 있는데, 공공 영역의 상업화가 심화되면서 아동을 배제하는 것이다. 예컨대, 아동에 대한 통행금지시간 도입, 아동의 출입을 제한하는 공동체나 공원, 소음을 허용하는 수준, '용인되는' 놀이 행위에 대한 엄격한 규칙을 적용하는 놀이터, 쇼핑몰 접근에 대한 제한 등의 조치로 인해 아동은 "문젯거리" 또는 "문제아"라는 인식이 형성된다. 특히, 청소년에 대한 부정적인 언론보도와 표현이 만연한 결과, 이들을 위협적인 존재로 인식하며, 청소년의 공공장소 사용이 제한되기도 한다.*

2017년에는 노키즈존을 표방한 가게에 13세 이하 아동을 동반했

---

* Committee on the Rights of the Child, *General Comments* No. 17, 2013, CRC/GC/17, para.37.

다는 이유로 출입을 거부당한 한 가족이 차별을 이유로 국가인권위원회에 진정을 제기한 사례가 있었습니다. 피진정인(가게 주인)은 아동을 배제하는 근거로 아동의 산만한 행동, 이를 적절히 제지하지 않거나 아동과 관련하여 무례한 행동을 하는 보호자로 인해 본인 또는 다른 이용자가 피해를 입게 된다는 점을 주장했는데요, 국가인권위원회는 2017년 9월 25일, 13세 이하 아동의 출입 및 이용을 금지하는 것은 나이를 이유로 한 합리적 이유가 없는 차별에 해당한다고 판단하며 가게 주인에게 13세 이하 아동을 이용 대상에서 배제하지 말 것을 권고했습니다. 구체적인 판단 근거는 다음과 같습니다.

- 13세 이하 아동의 출입 및 이용을 금지하는 조치는 연령을 기준으로 하고 있는데, 피진정인이 운영하고 있는 식당은 파스타, 스테이크 등 이탈리아 음식을 판매하는 곳으로 아동의 신체적, 정신적 건강에 유해한 장소에 해당하지 않고, 이용자에게 시설 이용상 특별한 능력이나 주의가 요구되는 곳도 아니므로, 해당 식당의 이용 가능성과 위 연령 기준 사이에 합리적 연관성이 존재하지 않는다.
- 13세 이하 아동의 출입을 금지하는 조치는 아동뿐만 아니라 아동을 동반한 보호자에 대한 배제로 작용하는데, 모든 아동 또는 아동을 동반한 보호자가 사업주나 다른 이용자에게 큰 피해를 입히는 것은 아니며, 무례한 행동으로 타인에게 피해를 주는 이용자가 아동 또는 아동을 동반한 보호자에만 국한된다고 볼 수도 없다. 즉, 아동이 가게와 다른 이용자

에게 피해를 줄 수 있다는 이유로 아동 및 아동을 동반한 보호자의 식당 이용을 전면적으로 배제하는 것은 일부 사례를 객관적, 합리적 이유 없이 일반화한 것에 해당한다.

■ 피진정인이 영업상 일부 어려움이 있다 하더라도, 이를 해소하기 위해 아동을 동반한 보호자에 대하여 안전사고 방지를 위한 주의사항 및 영업에 방해가 되는 구체적인 행위를 제시하면서, 실제 위반행위에 상응하는 이용제한 또는 퇴장요구 등이 가능함을 미리 고지하는 등의 다른 방법을 사용할 수도 있을 것이다.

〈교육환경 보호에 관한 법률〉이 학생의 보건·위생, 안전, 학습과 교육환경 보호를 목적으로 학교 및 그 주변 일정 범위 내의 담배자동판매기, 제한상영관, 경마장, 사행행위영업 등을 금지하고, 〈청소년보호법〉이 청소년에게 유해한 영향을 미치는 업소에 대한 출입금지를 정하고 있듯이, 해당 장소가 영업 특성상 아동에게 부정적인 영향을 미친다면 그에 대한 출입 제한은 정당한 사유라 할 것입니다. 그러나 국가인권위원회 결정과 같이 아동에게 위험요소가 되지 않음에도 불구하고 단순히 연령을 기준으로 일괄적인 배제를 하는 것은 연령을 결코 타당한 행위가 될 수 없습니다.

QR코드를 스캔하여 기사 전문을 확인해보고 의견을 나눠봅시다.

「노키즈존 찬성자의 착각」
(2018.01.21. 경향신문)

「맘충·노키즈존, 공존은 가능한가?」
(2017.09.01. CBS노컷뉴스)

우리 모두 한때는 아이였다

사실 "아이들은 시끄럽고, 무례하며, 때로 예의 없다"는 평가는 성인의 관점에서 규정된 편견의 발현입니다. 우리 사회가 불편하다고 여기는 아이들의 행동은 아동의 발달 특성과 관련이 있는 것이기 때문입니다.

울음은 영유아의 의사 표현 방법 중 하나입니다. 배가 고플 때나, 졸음이 쏟아질 때, 어딘가 아프거나 불편할 때, 관심과 애정이 필요할 때와 같은 상황에 처하면 울음으로 보호자의 도움을 찾습니다. 아동기는 어떨까요? 이 시기는 세상에 대한 호기심으로 충만한 시기입니다. 눈에 보이는 모든 것을 만져보고 입에 넣어봅니다. 또 말문이 트이면 낯설고 새로운 것을 마주할 때마다 끊임없이 질문하지요. 시기별로 보이는 반응은 다르지만 신기하고 놀라운 것에 대해 즉각적으로 반응한다는 점은 같습니다. 『동의보감』은 "사람이 태어나 10세면 오장이 자리 잡기 시작하고, 혈기가 비로소 통하게 된다. 진기眞氣가 아래에 있어 뛰어다니기를 좋아한다"고 하였습니다.

어떤가요? 우리 모두 한때는 문자와 말 대신 눈물과 웃음, 표정으로 감정과 생각을 전달하지 않았나요? 지금의 어른 또한 옛날에는 열심히 뛰어다니고, 이것저것 만져보고, 넘어지고 다치면서 세상을 알아갔습니다.

어른이 된 사회 구성원들이 명심해야 할 점이 있습니다. 아이들이 세상을 알고 적응하는 과정에서 부모의 역할만 중요한 게 아니라는 것입니다. 우리가 잘 아는 아프리카 속담처럼 "아이 하나를 키우는

데 온 마을이 필요"하기 때문입니다.

　예컨대 현행법은 아동 학대를 알게 되거나 의심이 되는 경우에는 누구든지 경찰에 신고할 수 있다고 정하고 있습니다. 특정 직역職域(특정한 직업의 영역이나 범위)에 종사할 경우 신고는 법적 의무입니다(아동 학대범죄의 처벌 등에 관한 특례법 제10조). 모든 아동이 학대받지 않고, 그 존재의 귀함을 인정받을 수 있도록, 공동체 구성원 모두에게 아동권리를 위한 도덕적, 법적 의무가 요구되는 것입니다. 유엔아동권리협약 제5조도 "부모나 확대가족, 공동체 구성원, 후견인 등 법적 보호자들은 아동의 능력과 발달정도에 맞는 적절한 지도와 감독을 행함으로써 아동이 그들의 권리를 행사할 수 있도록 해야 하며, 국가는 이러한 보호자들의 책임과 권리, 의무를 존중해야 한다"고 명시하고 있습니다.

　부모는 우는 아이를 달래는 것만으로도 충분히 힘들 텐데, 주변에서 따가운 시선을 보낸다면 더욱 움츠러들게 될 것이고, 그 불안한 감정은 아이에게도 그대로 전달되지 않을까요? 뜨거운 음식이 제공되는 식당이나 뾰족한 장식물이 많은 가게에서 아이가 위험해질 수 있다면 부모가 아닌 다른 손님들도 아이를 보호할 수 있어야 합니다. 혹은 아이들에게 알려줄 수도 있습니다. 만일 아이가 지나치게 큰 목소리로 이야기한다면, "여기에서는 조금 작은 목소리로 이야기해야 해. 그래야 다른 사람들도 같이 온 친구 목소리를 잘 들을 수 있지 않을까?"라고 설명해주면 됩니다. 아이가 식당에서 뛰어다닌다면 "밥 먹는 동안에는 앉아 있는 게 어떨까? 음식이 차가워져서 맛이 없으면 속상하잖아" 하고 이해 가능한 말로 이야기해주면 아이들도 수긍할 테지요. 아이를 거칠게 잡아채거나 큰 소리로 나무라는 대신 말입니다.

또한 부모 역시 주변의 배려를 간섭과 참견으로 여기지 말고 관심과 지지로 받아들일 준비를 갖추어야 합니다. 아이들은 가족이라는 사회를 최초로 맞이한 이후, 유치원·어린이집, 학교 등을 거치며 관계 맺음의 범위를 점점 확장해갑니다. 그 가운데서 부모는 아이가 자신의 소유물이 아니라 저마다의 경험 속에서 개인적·사회적 인격을 형성해가는 독립적 인격체임을 인지해야 할 것입니다. 또래 친구와 다른 성인과의 소통을 통해 성장할 기회 또한 인정해야 하고요. 이러한 노력들이 부모의 주요한 역할입니다.

가게를 운영하는 사람 역시 예외일 수 없습니다. 이익 창출을 목표로 하는 영업주들은 소비자의 취향을 최대한 반영하여 공간을 조성하고, 영업 내용을 구상할 것입니다. 노출 콘크리트 외벽, 유리나 대리석으로 단장된 벽이나 바닥, 빈티지한 장식품을 멋지게 장식한 공간 등은 요즘 젊은 사람들이 선호하는 취향이에요. 좋습니다. 그런데 여기서 한 발 나아가 이러한 공간이 호기심 많은 아이들에게는 위험할 수도 있음을 고려하여 아이들을 위한 별도의 공간을 마련하는 것은 너무 어려운 일일까요? 직업 수행의 자유, 영업의 자유는 개인적 자유이기도 하지만 사회질서라는 객관적 법질서를 형성하는 요소이기도 하다는 점에서 기본적 인권에 대한 존중 역시 전제되어야 합니다. 즉, 공간을 공유하는 모든 사람이 아이의 안전을 배려하는 것과 함께 아동을 위한 자리를 마련하는 포용력이 필요하다는 뜻입니다. 인권에 기반을 둔 접근은 타인과의 자연스러운 공존을 요청하는데요, 이익 창출과 함께 아동의 권리도 고려하는 어른이 된다는 것, 아이들의 무의식에 좋은 인상을 남김으로써 그 아이 역시 훌륭하고 배려심 많은 어른이 되는 데 건강한 자극을 준다는 것은 정말 멋진 일이지 않습니까?

헌법재판소 2001. 6. 28. 2001헌마132

헌법 제15조에 의한 직업선택의 자유는 자신이 원하는 직업을 자유롭게 선택하는 좁은 의미의 직업선택의 자유와 그가 선택한 직업을 자기가 원하는 방식으로 자유롭게 수행할 수 있는 직업수행의 자유(영업의 자유)를 포함하는 직업의 자유를 뜻한다. 이와 같은 직업의 자유는 각자의 생활의 기본적 수요를 충족시키는 방편이 되고 또한 개성신장의 바탕이 된다는 점에서 주관적 공권의 성격이 두드러진 것이기는 하나, 다른 한편으로는 국민 개개인이 선택한 직업의 수행에 의하여 국가의 사회질서와 경제질서가 형성된다는 점에서 사회적 시장경제질서라고 하는 객관적 법질서의 구성요소이기도 하다.

◆ **유엔아동권리위원회 채택 《일반논평》 제17호(2013)**

「휴식, 여가, 놀이, 오락활동과 문화생활, 예술에 대한 아동의 권리

아동의 배제는 아동이 시민으로 성장하는 데 중대한 영향을 미친다. 다양한 연령 집단이 포용적 공공장소를 공유하는 것은 시민사회의 증진과 강화, 그리고 아동이 자신을 권리주체자인 시민으로 인식하도록 촉진하는 데 기

여한다. 국가는 권리주체자인 아동에 대한 인식을 증진하고, 모든 아동의 놀이와 오락에 대한 필요를 수용할 수 있도록 지방 또는 도시의 다양한 지역사회 장소 간 네트워크 형성의 중요성에 대한 인식을 확장할 수 있도록 나이 든 세대와 젊은 세대 간의 대화를 장려해야 한다.[*]

"모든 어른들도 한때는 아이였다. 하지만 그것을 기억하는 사람은 몇 안 된다." 저 유명한 『어린왕자』의 서문에 나오는 말인데요. 왜 우리 사회는 유독 아이에게만 엄격할까요? 왜 아이와 아이를 동반한 부모에게만 특별히 냉정한 걸까요? 왜 어른들도 모두 한때는 아이였음을 기억하지 못하는 것일까요?

[*]   Committee on the Rights of the Child, *General Comments* No. 17, 2013, CRC/GC/17, para.38.

생각해봅시다!

요즘 많은 상점에서 아래와 같은 푯말을 만나게 됩니다.

- 아동 관련 사고로 인해 5세 미만 아동의 출입을 제한합니다.
- 카페에서 유아 관련 불미스러운 사고가 빈번하게 발생해 미취학 유아 동반 입장을 제한합니다. 협조 부탁드립니다.
- 8세 미만의 어린이 손님을 받지 않습니다. 일부 매너 없는 부모님들 덕분에 고심 끝에 내린 결정입니다.
- 당 업소는 조용하고 차분한 분위기를 원하시는 고객 분들의 편의를 위하여 부득이 초등학생까지의 어린이는 입장을 제한하오니 양해하여 주시기 바랍니다.
- 타인에 대한 배려를 위해 아동을 동반한 고객님의 입장을 제한함을 양해바랍니다.
- 최근 들어 근방의 중·고등학생들이 매장에 방문하여 흡연, 바닥에 침 뱉기뿐만 아니라, 직원들에게(공손히 양해를 구함에도 불구하고) 무례한 언행과 욕설을 하는 행위 등을 일삼아 매장 방문을 거부합니다.

대부분의 가게들은 앞에 제시한 푯말과 같이, 아이의 안전을 위해서, 다른 손님을 배려하기 위해서, 또는 안전한 가게 운영을 위해서(10대 고객이 끼치는 민폐, 가게 장식 훼손 등) 노키즈존을 선택하게 되었음을 밝히고 있습니다.

관련해서, 노키즈존에 대한 영국의 한 투표결과를 공유하고 싶습니다. 바로 2011년 영국 텔레그래프Telegraph에서 이루어진 아동의 출입을 제한하는 아동 없는 카페Child-free cafes와 아동 없는 레스토랑Child-free restaurants 도입에 대한 찬반투표 결과인데요. 당시 투표 결과에 따르면, 찬성(37.04%)과 반대(8.98%) 의견도 있지만, 절반을 넘는 54.44%가 중재안을 지지하는 것으로 나타났습니다. 바로 아이들도 모든 식당에 출입할 수 있어야 하지만, 잘못된 행동을 할 경우 주변에서 주의를 줄 수 있어야 하고, 이후에도 말을 듣지 않으면 식당을 나가야 한다는 방안이었습니다.* 사실 각각의 사례를 살펴보면, 호주와 미국, 영국은 물론, 우리나라의 노키즈존 대부분이 무조건 '아동 금지'를 결정한 것은 아닙니다. 식당이나 카페를 운영하는 사람은 아동의 특정 행동이 같은 공간을 사용하는 다른 사람들에게 큰 방해가 되지 않도록 부모에게 적절한 역할을 요청하거나 아동에게 주의를 주었지만, 이 과정에서 발생하는 부모와의 실랑이, 주변의 불편한 시선 등으로 인해 소위 '결단'

* 아래의 QR코드를 스캔하면 텔레그래프의 투표 결과를 볼 수 있습니다.

을 내린 경우가 대부분일 것입니다. 어쩌면 우리 사회도 중재안에 대한 욕구가 가장 크다고 볼 수 있지 않을까요? 아직 노키즈존에 대한 사회적 입장은 단순히 필요하다, 필요하지 않다 정도로만 다루어지는 한계가 있습니다. 하지만 우리 사회가 진정 인권에 기반한, 아동인권을 존중하는 사회가 되기 위해서는 서로의 시간과 존재를 소중히 여기고 배려하기 위한 각자의 역할을 필요로 합니다. '공존'을 위한 논의의 장으로 확장되기 위해 모두의 노력이 필요하다는 것이죠.

분명 노키즈존은 "아동은 존재 자체만으로 주변에 불편을 끼친다"고 하는 차별적 시각을 전제로 합니다. 정말로 '시끄럽고, 무례하며, 예의 없는 행동'이 발생하기 이전에 접근을 차단하는 것이니까요. 그 명칭에서부터 아동의 존재를 부정합니다. 하지만 흑인과 백인 구역을 구별하고, 인종차별이 당연시되던 때로부터 채 100년이 지나지 않은 오늘날, 우리 모두는 성, 인종, 나이, 장애, 출신 지역, 외모, 직업, 경제 상황, 사회적 지위, 정치적 의견 및 사상 등 어떠한 사유로도 차별받아선 안 된다는 인권의 기본 원리를 알고 있습니다. 바로 차별이 아닌 다름을 인정하고, 그들의 현재성을 존중해야 한다는 것입니다.

서로 다른 인간들이 살아가는 이 세상에서 나와 완전히 취향과 성향이 같은 사람은 존재할 수 없습니다. 그런 사람들이 함께 살아가고 있으니, 이 세상은 당연히 불편합니다. 하물며 치약을 뒤에서부터 짜느냐, 적당히 중간에서 적당히 짜느냐와 같은 아주 작은 일에서도 갈등은 발생합니다. 그 다름을 얼마나 수용하고 이해하느냐에 따라 우리 사회의 갈등의 정도는 달라질 수 있다고 생각합니다. 그저 나와 다르다는 점이 그 사람의 존재를 배제하는 이유가 될 수는 없습니다. 차별의 합리성에 대한 사회적 합의는 반드시 '인권에 대한 이해'를 토대로 이루어져야 합니다. 우리가 노키즈존에 대한 불편함을 외면해서는 안 되는 이유입니다.

Epilogue

한국은 현재 유엔아동권리협약 이행에 대한 제5-6차 심의examination 가 진행 중입니다. 협약 이행 심의는 국가보고서state party report 및 시민 사회의 대안보고서alternative report 제출, 유엔아동권리위원회와 NGO, 국 가인권기구 등이 비공개로 진행하는 사전심의pre-session, 그리고 보고 서 및 사전심의를 바탕으로 유엔아동권리위원회가 채택하는 쟁점 목록list of Issues 공표, 그에 대한 국가의 답변 준비 및 본심의plenary session 순서로 진행되는데요. 2019년 2월에는 사전심의가 있었고, 9월에는 본심의가 개최될 예정입니다. 이러한 심의는 당사국의 협약 이행을 효과적으로 촉진할 수 있으며, 국가가 국제사회의 한 구성원으로서 근본적인 변화를 실천하는 계기가 된다는 점에서 특히 의미가 있습 니다. 즉, 심의 전반을 모니터링하고 보다 실효적인 권고를 이끌어낼 수 있도록 역할하는 것은 시민사회의 주요 역할입니다. 이를 위해 저는 올해 2월, 한국에서 NGO 보고서를 제출한 한 주체로서 제네 바에 다녀왔습니다.

그리고 출국하던 날, 인천공항 라운지에서 두 달 가까이 머물고 있던 루렌도 가족을 만났습니다. 이들 가족은 정확한 사유도 모른

채 난민심사를 거부당하여, 오갈 데 없이 아이들과 함께 공항에 머물고 있었습니다. 저는 언론 보도를 통해 루렌도 가족의 사연을 접한 지인들이 준비한 겨울옷가지, 생활용품, 아이들 간식 및 생활비 등을 담은 가방을 어깨에 짊어지고 탑승동에 들어섰습니다. 그렇게 만난 가족들을 바라보며, 생각할 수밖에 없었습니다.

"과연, 대한민국은 아동의 존재를 얼마나 중요하게 여기는가. 아동의 인권 보장을 위해 어떤 노력을 하고 있는가."

9살, 7살, 5살짜리 아이들 4명이 실내 아닌 실내에서 2달 가까이 노숙 생활을 하고 있었습니다. 현재는 100일을 훨씬 넘겼죠. 밤낮 없이 밝은 공항의 불빛, 쉴 새 없이 오가는 수많은 사람들의 틈바구니 속에서 아이들은 무슨 생각을 하고 있을까요? 불안정한 생활 가운데 신체적·정신적으로 쇠약해져가는 부모를 바라보는 아이들의 마음은 얼마나 불안할까요? 무엇보다 아이들은 공항 밖을 나서지 못하며 흐르는 시간 속에 친구들과 관계를 맺고, 다양한 활동 속에 세상을 알아가며 성장할 권리를 박탈당했습니다. 유엔아동권리협약을 비준하고 아동인권 보장과 증진을 위한 책무를 전 세계에 약속한 한국의 현실입니다.

"입양아동의 친부모를 알 권리는 입양부모의 양육할 권리를 침해한다."
"체벌, '사랑의 매'는 필요하다."
"학교에서의 아동인권 제한은 교육을 위해 당연하고 필요하다."
"범죄를 저지른 아동은 엄벌에 처해 정신 차리게 해야 한다."

낯설지 않은 문장들이 반복되는 한국 사회는 여전히 아동의 존재를 온전히 인정하지 않습니다. 경험이 부족한 것이 아니라 경험이 다를 뿐이라는 것, 아동 또한 지금의 현실을 살아가는 인격적 주체라는 점, 아동은 행동 및 실수와 성취를 통해 성숙하고 학습해나갈 권리가 있는 발달과정에 있다는 점, 아동의 보호받을 권리는 안전한 환경에서 적절하게 권리를 행사하기 위한 기반이지 권리 보장과 충돌하는 개념이 아니라는 것 등에 대한 사회적 공감은 현저히 부족합니다. 그 결과, '아동권리 행사의 제한'은 당연하게 여겨집니다. 아동은 '미성숙하기 때문에 관리해야 할 대상'으로 인식됩니다.

그러나 국제사회가 아동의 인권을 특별히 확인한 이유는 ①아동 또한 '인간'임을 강조하고, ②발달과정에 있는 특수성에 대한 '이해'를 공유하며, ③아동의 지속적인 발달을 지원하기 위한 사회 공동의 '역할'을 요청하기 위함입니다. 미성숙하고 부족하다는 것은 성인을 기준으로 평가한 결과일 뿐입니다. 진정 아동의 삶을 존중한다면, 아동의 시각과 눈높이에서 고려할 필요가 있습니다. 아동은 각종 정책과 사회현상의 대상인 동시에, 그 현상을 주도하고 영향을 받는 주체이기 때문입니다.

한편, 이 글을 쓰고 있는 오늘, 낙태죄에 대한 헌법재판소 결정이 선고되었습니다. 형법상 자기낙태죄 조항은 필요한 최소한의 정도를 넘어 임신한 여성의 자기결정권을 침해하는 위헌적인 규정이라는 판단이었습니다. 낙태가 태아의 생명권을 침해한다는 관점을 넘어 생명존중에 대한 신뢰를 기초로 당사자의 자율적인 선택권을 인정하고자 하는 본 결정이 기쁘면서도, 선고 전반에 '아동에 대한 고려'가 중요하게 다루어지지 않았다는 점이 더없이 아쉬웠습니다. 예컨대, 아동기의 임신·출산은 학업 중단의 우려가 높고 이는 이후 경제적·사회적 빈곤으로 이어질 수 있다는 점, 나이가 어릴수록 임신과 출산이 아동의 건강에 부정적인 영향을 미칠 수 있다는 점, 더욱이 적절하고 이해할 수 있는 정보를 바탕으로 출산 여부를 선택함으로써 자신의 현재와 미래의 삶을 결정할 권리를 박탈당했다는 점 등 여성의 자기결정권에 대한 논증은 아동의 상황에 더욱 중대한 논거로 적용될 수 있으니까요. 아동은 여전히 우리 사회의 공적 의사결정 과정에 주요 대상이 아님을 간접적으로 확인할 수 있었습니다.

초대 유엔인권이사회 의장이자 세계인권선언 초안 마련에 기여한 엘리너 루스벨트는 "인권은 가장 작은 곳에서, 자기 집에서 가까운 곳에서부터 시작되어야 한다. 이렇게 작은 곳에서부터 인권이 의미를 지니지 못한다면 더 큰 세계에서의 발전도 헛될 것이다"라고 하였습니다. 가장 소외된 곳에서, 가장 작은 사람의 인권이 존중되는 세상은 인권 실현을 위한 출발점이며, 인권에 대한 책무는 '사회 구성원 모두가 공동으로 부담하는 것'임을 명확히 하였습니다.[*]

그래서 저는 아동인권이 중요하다고 생각합니다. 아동 또한 인간으로서, 보호적 관점을 넘어 나의 행복을 스스로 찾을 권리가 있는

[*] Roosevelt, E., "In your hands: a guide for community action for the tenth anniversary of the universal declaration of human rights", New York: United Nations, 1958.

주체입니다. 아동이 살기 좋은 세상은 아동보다 안정적인 사회적 삶을 영위하는 성인에게도 살기 좋은 세상입니다. 아동에 초점을 맞춘 제도적 기준은 더 많은 사람들의 안전하고 행복한 삶을 지원할 수 있기 때문입니다.

아동인권 보장과 증진을 위한 과정은 유엔아동권리협약 이행이라는 국가의 역할, 국제사회의 심의, 아동 관련 시민사회단체의 역할만으로는 충분하지 않습니다. 아동의 인권은 부모와 이웃, 지역사회 구성원, 국가로 이어지는 연결고리 속에서 실현될 수 있습니다. 생이 시작되는 순간부터 모든 인간의 존엄과 삶의 가치는 우열이 존재할 수 없습니다. 아동인권에 대한 약속은 평등과 비차별, 공정함에 대한 신뢰이며, 이를 실현하기 위해서는 아동과 성인 모두가 함께하는 노력이 필요합니다.

세계인권선언[*]

번역: 조효제

전문

우리가 인류 가족 모든 구성원들의 타고난 존엄성과, 그들의 평등하고 빼앗길 수 없는 권리를 인정할 때, 자유롭고 정의롭고 평화적인 세상의 토대가 마련될 것이다.

인권을 무시하고 짓밟은 탓에 인류의 양심을 분노하게 한 야만적인 일들이 발생하였다. 따라서 보통사람들이 바라는 간절한 소망이 있다면 그것은 바로 모든 사람이 말할 자유, 신앙의 자유, 공포로부터의 자유, 그리고 결핍으로부터의 자유를 누릴 수 있는 세상의 등장이라고 우리 모두가 한 목소리로 외치게 되었다.

인간이 폭정과 탄압에 맞서 최후의 수단으로써 폭력적 저항에 의존해야 할 지경에까지 몰리지 않으려면 법의 지배를 통해 인권을 보호해야만 한다.

오늘날 각 나라들 사이에서 친선관계의 발전을 도모하는 일이 반드시 필요하게 되었다.

유엔의 모든 인민들은 유엔헌장을 통해 기본적 인권에 대한 신념, 인간의 존엄성 및 가치에 대한 신념, 남성과 여성의 평등한 권리에 대한 신념을 재확인했으며, 더욱 폭넓은 자유 속에서 사회 진보 및 더 나은 생활수준을 촉진시키자고 다짐한 바 있다.

유엔 회원국들은, 유엔과 협력하여, 인권과 기본적 자유를 함께 존중하고 준수하며, 그것을 증진하자고 약속하였다.

그런데 이러한 서약을 온전히 실현하려면 인권이 무엇인지 또 자유가 무엇인지에 관해 모든 사람이 공통적으로 이해하는 것이 무엇보다 긴요하다.

따라서 이제, 유엔총회는, 사회의 모든 개인과 모든 조직이 이 선언을 언제나 마음 속 깊이 간직하면서, 가르침과 배움을 통해 이러한 권리와 자유가 존중되도록 애써 노력하며, 국내에서든 국제적으로든, 전향적이고 지속적인 조치를 통해 이러한 권리와 자유가 보편적이고 효과적으로 인정되고 지켜지도록 애써 노력하기 위하여, 모든 인민과 모든 국가가 다함께 달성해야할 하나의 공통 기준으로서 유엔 회원국 인민들과 회원국의 법적 관할 하에 있는 영토의 인민들에게 세계인권선언을 선포하는 바이다.

[*] 1948년 12월 10일 유엔총회 제정

제1조

모든 사람은 자유로운 존재로 태어났고, 똑 같은 존엄과 권리를 가진다. 사람은 이성과 양심을 타고 났으므로 서로를 형제애의 정신으로 대해야 한다.

제2조

모든 사람은, 인종, 피부색, 성, 언어, 종교, 정치적 견해 또는 그 밖의 견해, 출신 민족 또는 사회적 신분, 재산의 많고 적음, 출생 또는 그 밖의 지위에 따른 그 어떤 구분도 없이, 이 선언에 나와 있는 모든 권리와 자유를 누릴 자격이 있다.

더 나아가, 어떤 사람이 속한 곳이 독립국이든, 신탁통치령이든, 비자치령이든, 그 밖의 어떤 주권상의 제약을 받는 지역이든 상관없이, 그 곳의 정치적 지위나 사법관할권 상의 지위 혹은 국제적 지위를 근거로 사람을 구분해서는 절대로 안 된다.

제3조

모든 사람은 생명을 가질 권리, 자유를 누릴 권리, 그리고 자기 몸의 안전을 지킬 권리가 있다.

제4조

어느 누구도 노예가 되거나 타인에게 예속된 상태에 놓여서는 안 된다. 노예제도와 노예매매는 어떤 형태로든 일절 금지된다.

제5조

어느 누구도 고문, 또는 잔인하고 비인도적이거나 모욕적인 처우 또는 처벌을 받아서는 안 된다.

제6조

모든 사람은 그 어디에서건 법 앞에서 다른 사람과 똑 같이 한 인간으로 인정받을 권리가 있다.

제7조

모든 사람은 법 앞에서 평등하며, 어떤 차별도 없이 똑 같이 법의 보호를 받을 자격이 있다. 모든 사람은 이 선언에 위배되는 그 어떤 차별에 대해서도, 그리고 그러한 차별에 대한 그 어떤 선동 행위에 대해서도 똑 같은 보호를 받을 자격이 있다.

제8조

모든 사람은 헌법 또는 법률이 보장하는 기본권을 침해당했을 때 해당국가의 법정에서 적절하게 구제받을 권리가 있다.

제9조

어느 누구도 함부로 체포 또는 구금되거나 해외로 추방되어서는 안 된다.

제10조

모든 사람은 자신의 권리와 의무가 무엇인지를 가려내고, 자신에게 가해진 범죄혐의에 대해 심판 받을 때에, 독립적이고 불편부당한 법정에서 다른 사람과 똑 같이 공정하고 공개적인 재판을 받을 자격이 있다.

제11조

1. 형사상 범죄 혐의로 기소당한 사람은 누구나 자신의 변호를 위해 필요한 모든 법적 보장이 되어 있는 공개재판에서 법에 따라 정식으로 유죄 판결이 나기 전까지 무죄로 추정 받을 권리가 있다.

2. 어떤 사람이 이전에 국내법 또는 국제법 상 범죄가 아니었던 일을 행하거나 행하지 않았던 것을 두고 그 후에 유죄로 판결해서는 안 된다. 또한 범죄를 저지른 당시에 부과할 수 있었던 처벌보다 더 무거운 처벌을 그 후에 부과해서도 안 된다.

제12조

어느 누구도 자신의 사생활, 가족관계, 가정, 또는 타인과의 연락에 대해 외부의 자의적인 간섭을 받지 않으며, 자신의 명예와 평판에 대해 침해를 받지 않는다. 모든 사람은 그러한 간섭과 침해에 대해 법의 보호를 받을 권리가 있다.

제13조

1. 모든 사람은 자기 나라 내에서 어디에든 갈 수 있고, 어디에든 살 수 있는 자유를 누릴 권리가 있다.

2. 모든 사람은 자기나라를 포함한 어떤 나라로부터도 출국할 권리가 있으며, 또한 자기나라
   로 다시 돌아올 권리가 있다.

제14조

1. 모든 사람은 박해를 피해 다른 나라에서 피난처를 구할 권리와 그것을 누릴 권리를 가
   진다.
2. 그러나 이 권리는 순수하게 비정치적인 범죄로 제기된 법적 소추, 또는 유엔의 목적과 원
   칙에 위배되는 행위로 제기된 법적 소추의 경우에는 적용되지 않는다.

제15조

1. 모든 사람은 국적을 가질 권리가 있다.
2. 어느 누구도 함부로 자신의 국적을 빼앗기지 않으며, 또한 자신의 국적을 바꿀 권리를 부
   정당하지 않는다.

제16조

1. 성인이 된 남녀는 인종이나 국적, 종교에 따른 어떠한 제약도 받지 않고, 결혼할 수 있는
   권리 그리고 가정을 이룰 권리가 있다. 남성과 여성은 결혼 시, 결혼 중, 그리고 이혼 시에
   서로 똑 같은 권리를 가진다.
2. 결혼은 오직 배우자가 되려는 당사자 간의 자유롭고 완전한 합의에 의해서만 유효하다.
3. 가정은 사회의 자연적이고 기초적인 구성단위이므로 사회와 국가의 보호를 받을 자격이 있다.

제17조

1. 모든 사람은, 다른 사람들과 공동으로 그리고 단독으로 재산을 소유할 권리가 있다.
2. 어느 누구도 자기 재산을 함부로 빼앗기지 않는다.

제18조

모든 사람은 사상의 자유, 양심의 자유, 그리고 종교의 자유를 누릴 권리가 있다. 이러한 권
리에는 자신의 종교 또는 신앙을 바꿀 자유도 포함된다. 또한 이러한 권리에는 혼자 또는 다

른 사람들과 함께, 공개적으로 또는 사적으로, 자신의 종교나 신앙을 가르치고 실천하고 예배드리고 엄수할 자유가 포함된다.

제19조

모든 사람은 의사표현의 자유를 누릴 권리가 있다. 이 권리에는 간섭받지 않고 자기 의견을 지닐 수 있는 자유와, 모든 매체를 통하여 국경과 상관없이 정보와 사상을 구하고 받아들이고 전파할 수 있는 자유가 포함된다.

제20조

1. 모든 사람은 평화적 집회와 결사의 자유를 누릴 권리가 있다.
2. 어느 누구도 어떤 모임에 소속될 것을 강요당해서는 안 된다.

제21조

1. 모든 사람은 자기가 직접 참여하든 또는 자유롭게 선출된 대표를 통해서 간접적으로 참여하든 간에, 자기나라의 국정에 참여할 권리가 있다.
2. 모든 사람은 자기나라의 공직을 맡을 평등한 권리가 있다.
3. 인민의 의지가 정부 권위의 토대를 이룬다. 인민의 의지는, 주기적으로 시행되는 진정한 선거를 통해 표출된다. 이러한 선거는 보통선거와 평등선거로 이루어지고, 비밀투표 또는 비밀투표에 해당하는 자유로운 투표 절차에 따라 시행된다.

제22조

모든 사람은 사회의 구성원으로서 사회보장을 받을 권리가 있다. 또한 모든 사람은, 국가의 자체적인 노력과 국제적인 협력을 통해, 그리고 각국이 조직된 방식과 보유한 자원의 형편에 맞춰 자신의 존엄성과 인격의 자유로운 발전에 반드시 필요한 경제적·사회적·문화적 권리를 실현할 자격이 있다.

제23조

1. 모든 사람은 노동할 권리, 자유롭게 직업을 선택할 권리, 공정하고 유리한 조건으로 일할 권리, 그리고 실업상태에 놓였을 때 보호받을 권리가 있다.

2. 모든 사람은 어떠한 차별도 받지 않고 동일한 노동에 대해서 동일한 보수를 받을 권리가 있다.

3. 모든 노동자는 자신과 그 가족이 인간적으로 존엄을 지키고 살아갈 수 있도록 정당하고 유리한 보수를 받을 권리가 있다. 또한 이러한 보수가 부족할 때에는 필요하다면 여타 사회보호 수단을 통한 부조를 제공받을 권리가 있다.

4. 모든 사람은 자신의 이익을 지키기 위해 노동조합을 결성하고 그것에 가입할 권리가 있다.

제24조

모든 사람은 휴식을 취하고 여가를 누릴 권리가 있다. 이러한 권리에는 노동시간을 적절한 수준으로 단축할 수 있는 권리 그리고 정기적인 유급 휴가를 받을 권리가 포함된다.

제25조

1. 모든 사람은 자신과 가족의 건강과 안녕에 적합한 생활수준을 누릴 권리가 있다. 이러한 권리에는 음식, 입을 옷, 주거, 의료, 그리고 생활에 필요한 사회서비스 등을 누릴 권리가 포함된다. 또한 실업상태에 놓였거나, 질병에 걸렸거나, 장애가 있거나, 배우자와 사별했거나, 나이가 많이 들었거나, 그 밖에 자신의 힘으로 어찌할 수 없는 형편이 되어 살기가 어려워진 모든 사람은 사회나 국가로부터 보호를 받을 권리가 있다.

2. 자식이 딸린 어머니 그리고 어린이·청소년은 사회로부터 특별한 보살핌과 도움을 받을 자격이 있다. 모든 어린이·청소년은 그 부모가 결혼한 상태에서 태어났건 아니건 간에 똑같은 보호를 받는다.

제26조

1. 모든 사람은 교육 받을 권리가 있다. 적어도 초등교육과 기본교육 단계에서는 무상교육을 실시해야 한다. 초등교육은 의무적으로 실시해야 한다. 보통 사람들이 큰 어려움 없이 기술교육과 직업교육을 받을 수 있어야 하며, 고등교육은 오직 학업능력으로만 판단하여 모든 사람에게 똑같이 개방되어야 한다.

2. 교육은 인격을 온전하게 발달시키고, 인권과 기본적 자유를 더욱 존중할 수 있도록 그 방향을 맞춰야 한다. 교육은 모든 국가, 모든 인종집단 또는 모든 종교집단이 서로 이해하고 서로 관용하며 친선을 도모할 수 있게 해야 하고, 평화를 유지하기 위한 유엔의 활동을 촉진해야 한다.

3. 부모는 자녀가 어떤 교육을 받을지를 우선적으로 선택할 권리가 있다.

제27조

1. 모든 사람은 자기가 속한 공동체의 문화생활에 자유롭게 참여할 권리, 예술을 즐길 권리, 학문적 진보와 그 혜택을 함께 누릴 권리가 있다.
2. 모든 사람은 자신이 만들어낸 모든 학문, 문예, 예술의 창작물에서 생기는 정신적·물질적 이익을 보호받을 권리가 있다.

제28조

모든 사람은 이 선언에 나와 있는 권리와 자유가 온전히 실현될 수 있는 사회체제 및 국제 체제에서 살아갈 권리가 있다.

제29조

1. 모든 사람은 자신이 속한 공동체에 대하여 의무를 진다. 어떤 사람이든 그러한 공동체를 통해서만 자신의 인격을 자유롭고 온전하게 발전시킬 수 있기 때문이다.
2. 모든 사람이 자신의 권리와 자유를 온전하게 행사할 수 있지만, 다음과 같은 경우에는 예외적으로 그러한 권리와 자유가 제한될 수 있다. 즉, 타인에게도 나와 똑같은 권리와 자유가 있다는 사실을 인정하고 존중해 주기 위해 제정된 법률에 의해서, 그리고 민주사회의 도덕률과 공중질서, 사회전체의 복리를 위해 정당하게 요구되는 사안을 충족시키기 위해 제정된 법률에 의해서는 제한될 수 있다.
3. 그 어떤 경우에도 이러한 권리와 자유를 유엔의 목적과 원칙에 어긋나게 행사해서는 안 된다.

제30조

이 선언에 나와 있는 어떤 내용도 다음과 같이 해석해서는 안 된다. 즉, 어떤 국가, 집단 또는 개인이 이 선언에 나와 있는 그 어떤 권리와 자유라도 파괴하기 위한 활동에 가담할 권리가 있다고 암시하거나, 그러한 행동을 할 권리가 있다는 식으로 해석해서는 절대로 안 된다.

유엔아동권리협약[*]

본 유엔아동권리협약 국문본은 협약에 대한 이해를 돕기 위해

국제아동인권센터에서 재번역 하였습니다('18.8~12. 제작)

전문

본 협약의 당사국은,

유엔헌장에서 선언된 원칙에 따라, 인류의 모든 구성원의 타고난 존엄성과 평등하고 양도할 수 없는 권리를 인정하는 것이 세계의 자유, 정의 및 평화의 기초가 됨을 고려하며,

유엔 체제하의 모든 사람의 기본적 인권과 인간의 존엄성 및 가치에 대한 신념을 유엔헌장에서 재확인하고, 충분한 자유 안에서 사회발전과 생활수준 향상을 촉진하기로 결의했음을 유념하고,

유엔이 세계인권선언과 국제인권규약을 통해 모든 사람은 인종, 피부색, 성별, 언어, 종교, 정치적 견해 또는 기타 의견, 민족적 사회적 출신, 재산, 태생 또는 기타 신분 등 어떠한 종류의 차별 없이, 위 선언 및 규약에 명시된 모든 권리와 자유를 누릴 수 있음을 선언하고 동의했음을 인정하며,

유엔은 아동기에 특별한 보호와 돌봄을 받을 권리가 있음을 주창한 세계인권선언을 상기하고,

가정은 사회의 기본적인 집단이며 모든 구성원, 특히 아동의 발달과 웰빙(well-being)[**]을 위한 본질적인 환경으로서, 공동체 안에서 본연의 책임을 다할 수 있도록 필요한 보호와 지원을 받아야 함을 확신하며,

온전하고 조화로운 인격 발달을 위해 아동은 가정 환경과 행복, 사랑과 이해 속에서 성장해야 함을 인정하고,

아동은 사회에서 한 개인으로서 삶을 살아가기 위해 충분히 준비되어야 하며, 유엔헌장이 선언한 평화 존엄 관용 자유 평등 연대의 정신 속에서 양육 받아야 함을 고려하며,

[*] 1989년 11월 20일 유엔총회에서 채택, 1990년 10월 2일부터 국제법으로서 효력 발생
[**] 웰빙(well-being)이란, 사전적 의미로는 정신적, 육체적인 건강과 행복, 복지와 안녕을 의미하고, 사회적 의미로는 물질적 부가 아니라 삶의 질을 강조하는 생활 방식을 가리킨다. 본 소책자에서 웰빙은 고유명사의 의미로 웰빙(well-being)으로 표기하며, 문맥에 따라 '행복', '안녕', '복지'의 의미로 해석한다.

아동에 대한 특별한 보호를 확대해야 할 필요성은 1924년 아동권리에 관한 제네바선언과 1959년 11월 20일 유엔총회가 채택한 아동권리선언에 명시되어 있으며, 세계인권선언, 시민적·정치적 권리에 관한 국제규약(특히 제23조 및 제24조), 경제적 사회적 문화적 권리에 관한 국제규약(특히 제10조), 그리고 아동복지와 관련된 전문기구와 국제기구의 규정 및 관련문서에서 인정되었음을 명심하고,

아동권리선언이 명시하는 바와 같이, "아동은 신체적 정신적으로 미성숙하므로 출생 전후 모두 적절한 법적 보호를 비롯해 특별한 보호와 돌봄이 필요하다"는 점에 유념하며,

국내외 가정위탁과 입양문제를 명시한 '아동의 보호와 복지에 관한 사회적 법적 원칙에 관한 선언', '소년사법 운영에 관한 유엔최저기준규칙(베이징규칙)' 및 '비상시 및 무력 충돌 상황에서 여성과 아동의 보호에 관한 선언'이 제시하는 규정들을 상기하고, 세계의 모든 국가에는 특히 더 어려운 상황에서 생활하는 아동이 있으며, 이 아동을 특별히 고려할 필요가 있음을 인정하고,

아동보호와 아동의 조화로운 발달을 위해 각 민족의 전통과 문화적 가치의 중요성을 충분히 고려하고, 모든 국가, 특히 개발도상국 아동의 생활여건 향상을 위한 국제협력의 중요성을 인정하며,

다음과 같이 합의하였다.

제1부(실질적 규정)

제1조(아동의 정의)

당사국의 법에 따라 성년에 이르는 연령이 더 빠르지 않은 한, 협약이 정하는 아동은 만 18세 미만의 모든 사람을 말한다.

제2조 (비차별)

① 당사국은 아동이나 그 부모, 법정대리인*의 인종, 피부색, 성, 언어, 종교, 정치적 견해

---

* 일반적으로 협약 원문의 "legal guardian"은 "법정후견인"으로 번역되나, 본 포켓북은 아동보호의 관점에서 아동의 법률행위 능력을 대리하는 친권자와 후견인, 재산관리인 등을 포함하는 포괄적 개념의

또는 기타 의견, 민족적·인종적·사회적 출신, 재산, 장애, 태생, 신분 등의 차별 없이 본 협약에 규정된 권리를 존중하고, 모든 아동에게 이를 보장해야 한다.

② 당사국은 아동이 부모나 법정대리인 또는 다른 가족의 신분과 활동, 표명된 의견이나 신념을 이유로 모든 형태의 차별이나 처벌을 받지 않도록 모든 적절한 조치를 취해야 한다.

제3조(아동 최상의 이익)

① 공공·민간 사회복지기관, 법원, 행정당국, 입법기관 등은 아동에 관한 모든 활동에 있어, 아동 최상의 이익을 최우선적으로 고려해야 한다.

② 당사국은 아동의 부모, 법정대리인 및 기타 아동에 대해 법적 책임이 있는 자의 권리와 의무를 고려하여 아동의 웰빙에 필요한 보호와 돌봄을 보장하고, 이를 위해 모든 적절한 입법적·행정적 조치를 취해야 한다.

③ 당사국은 아동 보호나 돌봄에 책임이 있는 기관, 사업 및 시설이 주무관청이 설정한 적정한 직원 수 및 숙련된 관리와 관련된 기준을 준수하도록 보장해야 한다. 특히 안전, 보건분야에서 보장되어야 한다.

제4조(권리 이행을 위한 국가의 의무)

당사국은 이 협약이 명시한 권리의 이행을 위해 모든 적절한 입법적·행정적, 기타 조치를 취해야 한다. 경제적 사회적 및 문화적 권리 보장을 위해 당사국은 가능한 모든 자원을 활용해야 하며, 필요한 경우 이를 국제협력의 관점에서 시행해야 한다.

제5조(아동의 진화하는 능력에 따른 보호자의 적절한 지도)

당사국은 아동이 본 협약이 명시한 권리를 행사함에 있어 부모 또는, 현지관습에 의한 확대가족, 공동체 구성원, 법정대리인이나 기타 아동에 대한 법적 책임이 있는 사람들이 아동의 진화하는 능력[**]에 맞는 적절한 지도와 감독을 제공할 책임과 권리 및 의무가 있음을 존중해야 한다.

"법정대리인"으로 번역하였다. 협약은 부모 외에 아동을 보호하는 주체를 염두에 둔 것으로 해석되어어야 하기 때문이다.

[**] 진화하는 능력(evolving capacity)은 유엔아동권리협약에서 최초로 소개한 개념으로, 아동의 개별적인 발달과 자율성 증진과 관련한 개념이다. 이는 아동이 눈으로 보이는 능력만이 아니라 아동의 존재를 인정하고, 그 존재가 가진 기본적이면서 발전 가능한 가능성을 설명한다.

제6조(생명·생존·발달)

① 당사국은 모든 아동이 생명에 관한 고유의 권리를 가지고 있음을 인정한다.

② 당사국은 아동의 생존과 발달을 최대한 보장해야 한다.

제7조(출생등록·성명·국적 및 부모에 대해 아는 것)

① 아동은 태어난 즉시 출생등록되어야 하며, 출생시부터 이름을 갖고, 국적을 취득하며, 가능한 한 부모를 알고, 부모에게 양육받을 권리가 있다.

② 당사국은 국내법 및 이 분야의 관련 국제규범에 따른 의무에 근거하여, 특히 무국적 아동을 포함한 모든 아동의 권리 이행을 보장해야 한다.

제8조(신분의 보존)

① 당사국은 불법적 간섭 없이 법에 따라 인정되는 국적, 이름 및 가족 관계를 비롯해 아동이 신분을 보존 받을 수 있는 권리를 존중해야 한다.

② 아동이 자신의 신원 중 일부나 전부를 불법적으로 박탈당한 경우, 당사국은 해당 아동의 신원을 신속하게 회복하기 위해 적절한 지원과 보호를 제공해야 한다.

제9조(부모로부터의 분리)

① 당사국은 법과 절차에 따라 사법당국이 부모와의 분리가 아동에게 최상의 이익이 된다고 결정한 경우 외에는 아동이 자신의 의사에 반해 부모와 분리되지 않도록 보장해야 한다. 이러한 결정은 부모에 의한 아동학대나 방임, 부모의 별거로 인한 아동의 거취 결정 등과 같이 특별한 경우에 필요할 수 있다.

② 본 조 제1항의 규정을 시행하는 모든 절차에 있어 모든 이해당사자는 절차에 참여하여 자신의 견해를 표명할 기회를 가져야 한다.

③ 당사국은 아동의 이익에 반하는 경우 외에는 부모 중 한 명 또는 부모 모두로부터 분리된 아동이 정기적으로 부모 모두와 개인적인 관계를 갖고 만남을 유지할 권리를 존중해야 한다.

④ 아동이 부모 중 한 명, 부모 모두 또는 아동 자신의 구금, 투옥, 망명, 강제 추방, 사망(당사국이 억류하고 있는 동안 어떠한 원인에 기인한 사망을 포함) 등과 같이 당사국이 취한 조치로 인해 부모로부터 분리된 경우, 당사국에 대한 정보제공 요청이 아동의 웰빙에 해롭지

않다고 판단될 때 부모, 아동 또는 적절한 경우 다른 가족 구성원에게 부재중인 가족의 소재에 관한 필수 정보를 제공해야 한다. 또한 당사국은 이러한 정보제공이 관련된 사람에게 불리한 결과를 초래하지 않도록 보장해야 한다.

제10조(가족과의 재결합)

① 제9조 제1항에 규정된 당사국의 의무에 따라, 가족 재결합을 위해 아동이나 그 부모가 당사국에 입국 또는 출국 신청을 했을 경우 당사국은 이를 긍정적이며 인도적인 방법으로 신속히 처리해야 한다. 또한 이러한 제안이 신청자와 그 가족구성원에게 불리한 결과를 초래하지 않도록 보장해야 한다.

② 부모가 다른 나라에 거주하는 아동은 예외적인 상황 외에는 정기적으로 부모와 개인적 관계를 갖고 만남을 유지할 권리가 있다. 이 목적을 위해, 협약 제9조 제1항에 규정된 당사국의 의무에 따라 당사국은 아동과 그 부모가 본국을 비롯한 모든 국가로부터 출국할 수 있는 권리를 존중해야 하며, 본국으로 입국할 수 있는 권리 또한 존중해야 한다. 어떤 국가로 출국할 수 있는 권리는 국가안보와 공공질서, 공중보건, 도덕 및 타인의 권리와 자유를 보호하기 위해 필요한 경우에 오직 법률에 의해서만 제한되어야 하며, 본 협약에서 인정하는 다른 권리들과 부합하여야 한다.

제11조(아동의 불법 해외 이송 금지)

① 당사국은 아동이 불법으로 해외 이송되거나 본국으로 돌아오지 못하는 상황을 방지하기 위한 조치를 취해야 한다.

② 이 목적을 위해 당사국은 양자 또는 다자간 협정을 체결하거나 기존 협정에의 가입을 추진해야 한다.

제12 조(아동의 견해 존중)

① 당사국은 자신의 견해를 형성할 능력이 있는 아동에 대하여 본인에게 영향을 미치는 모든 문제에 있어서 자신의 견해를 자유롭게 표현할 권리를 보장하며, 아동의 견해에는 아동의 연령과 성숙도에 따른 정당한 비중이 부여되어야 한다.

② 이러한 목적을 위하여 아동에게는 자신에게 영향을 미치는 어떠한 사법적·행정적 절차에서도 직접 또는 대리인이나 적절한 기관을 통하여 진술할 기회가 국내법적 절차에 합치되는 방법으로 제공되어야 한다.

제13조(표현의 자유)

① 아동은 표현의 자유에 대한 권리를 가진다. 이 권리는 말이나 글, 예술의 형태 또는 아동
이 선택하는 다양한 매체를 통해 모든 정보와 사상을 국경에 관계없이 탐색하고 주고받
을 수 있는 자유를 포함한다.

② 이 권리의 행사는 다음의 사항을 위해 필요한 경우에 한하여 법률로서 제한할 수 있다.

   1. 타인의 권리 또는 명예 존중

   2. 국가안보, 공공질서, 공중보건, 도덕의 보호

제14조(사상 양심 및 종교의 자유)

① 당사국은 아동의 사상 양심 및 종교의 자유에 대한 권리를 존중해야 한다.

② 당사국은 아동이 이러한 권리를 행사함에 있어 부모나 법정대리인이 아동의 진화하는 능
력에 맞는 방식으로 아동을 지도할 권리와 의무를 존중해야 한다.

③ 종교와 신념을 표현하는 자유는 공공의 안전, 질서, 보건이나 도덕 또는 타인의 기본권
및 자유를 보호하기 위하여 필요한 경우에 한하여 법률로써 제한할 수 있다.

제15조(결사 및 집회의 자유)

① 당사국은 아동의 결사의 자유와 평화적 집회의 자유에 대한 권리를 인정한다.

② 이 권리의 행사는 민주사회에서 국가안보, 공공안전, 공공질서, 공중보건의 이익 또는 타
인의 권리와 자유의 보호에 필요한 경우에 한하여 법률에 규정된 것 이외 어떠한 것도
제한할 수 없다.

제16조(사생활 보호)

① 아동은 그 누구라도 사생활, 가족, 가정, 통신에 대해 자의적이거나 불법적으로 간섭받지
않으며 또한 명예나 명성에 대해 불법적인 공격을 받지 않는다.

② 아동은 이러한 간섭이나 공격으로부터 법적 보호를 받을 권리가 있다.

제17조(정보 접근)

당사국은 대중매체가 수행하는 중요한 기능을 인정하며, 아동이 특히 자신의 사회적 정신적

도덕적 웰 빙과 신체적 정신적 건강의 향상에 도움이 되는 국내외 다양한 정보와 자료에 접근할 수 있도록 보장해야 한다. 이 목적을 위해 당사국은,

1. 대중매체가 아동에게 사회 문화적으로 유익하고 제29조의 정신에 부합하는 정보와 자료를 보급하도록 장려해야 한다.
2. 문화적, 국내적, 국제적으로 다양한 정보와 자료를 제작 교류 보급함에 있어 국제협력을 장려해야 한다.
3. 아동 도서의 제작과 보급을 장려해야 한다.
4. 대중매체가 소수집단에 속하거나 선주민 아동이 겪는 언어적 필요성에 특별한 관심을 기울이도록 장려해야 한다.
5. 제 13 조와 제 18 조의 규정을 유념하여 아동의 웰빙에 유해한 정보와 자료로부터 아동을 보호하기 위해 적절한 지침을 개발하도록 장려해야 한다.

제18조(자녀 돌봄에 대한 부모 공동의 책임)

① 당사국은 아동의 양육과 발달에 있어 부모 공동 책임의 원칙이 인정될 수 있도록 최선의 노력을 기울여야 한다. 부모 또는 경우에 따라 법정대리인은 아동의 양육과 발달에 일차적 책임을 지며, 아동 최상의 이익에 기본적 관심을 두어야 한다.

② 본 협약에 규정된 권리의 보장과 증진을 위해, 당사국은 부모 및 법정대리인이 아동에 대한 양육 책임을 잘 이행할 수 있도록 적절한 지원을 제공해야 하며 아동 돌봄을 위한 기관, 시설 및 서비스 개발을 보장해야 한다.

③ 당사국은 부모가 모두 일하는 상황에서 아동이 아동돌봄시설 및 지원 서비스를 이용할 권리 보장을 위해 모든 적절한 조치를 취해야 한다.

제19조(모든 형태의 폭력 및 학대로부터의 보호)

① 당사국은 부모나 법정대리인, 기타 보호자가 아동을 양육하는 동안 모든 형태의 신체적 정신적 폭력, 상해나 학대, 방임 또는 방치하는 대우, 성적 학대를 포함한 가혹한 처우나 착취로부터 아동을 보호하기 위하여, 모든 적절한 입법적 행정적 사회적 및 교육적 조치를 취해야 한다.

② 이러한 보호조치는 아동 및 아동 양육자에게 필요한 지원을 제공하기 위한 사회계획의 수립과 본 조 제1항에 규정된 아동학대 사례에 대한 다른 형태의 예방은 물론, 학대사례

를 확인 보고 조회 조사 처리 추적하고 적절한 경우 사법적 개입이 가능한 효과적인 절차가 포함되어야 한다.

제20조(가정환경을 박탈당한 아동의 보호)

① 일시적 또는 영구적으로 가정환경을 박탈당했거나 가정환경에 남아 있는 것이 아동 최상의 이익에 반하는 경우, 아동은 국가로부터 특별한 보호와 지원을 받을 권리가 있다.

② 당사국은 국내법에 따라 이러한 아동을 위한 대안양육을 보장해야 한다.

③ 이러한 보호는 위탁양육, 이슬람법의 카팔라(Kafalah)[*], 입양, 필요한 경우 적합한 아동보호시설에서의 양육을 포함한다. 대안 양육을 모색할 때는 아동양육이 계속될 수 있는가 하는 점과 아동의 인종적 종교적 문화적 및 언어적 배경을 충분히 고려해야 한다.

제21조(입양)

입양제도를 인정하거나 허용하는 당사국은 아동 최상의 이익이 최우선적으로 고려되도록 보장해야 하며 또한,

1. 아동의 입양은 적용 가능한 법과 절차에 따라, 적절하고 신빙성 있는 모든 정보에 기초해 오직 권한 있는 관계당국에 의해서만 결정되어야 한다. 관계당국은 부모나 친척, 법정대리인과 관련된 아동의 법적 신분 및 필요한 경우, 상담 등에 기초한 관계자들의 입양에 대한 동의가 있었는지 여부를 고려하여 입양을 허가하여야 한다.

2. 국외입양은 아동이 위탁가정이나 입양가정을 찾지 못했거나 또는 어떤 적절한 방법으로도 아동의 출신국에서 양육될 수 없는 경우, 아동양육의 대안적 수단으로 고려될 수 있음을 인정해야 한다.

3. 국외로 입양된 아동도 국내입양 사례에 적용되는 안전보호 기준을 동등하게 향유할 것을 보장해야 한다.

4. 국외입양의 경우, 입양알선이 관계자들에게 부당한 금전적 이익을 주는 결과가 되지 않도

---

[*] 카팔라(Kafalah)란, 아랍어로 "다른 아동을 돌보는 것"을 뜻한다. 이는 회교도국가들의 수양자제도를 의미하며 가족질서가 인위적으로 만들어진 법제도에 의해 보충되거나 변질되는 것이 아닌 수양부모와 수양자의 관계로 성립하는 것을 의미한다. 유엔아동권리협약에서는 다양한 아동보호 체제를 설명하기 위한 한 가지 방법으로 소개하고 있다.(자세한 내용은 국제아동인권센터(2017) 일반논평 12 호 아동의 의견이 청취되어야 할 권리 참고)

록 모든 적절한 조치를 취해야 한다.

5. 적절한 경우 양자 또는 다자간 약정이나 협정을 체결해 본 조항의 목적을 촉진시키며 이 러한 체계 안에서 아동에 대한 해외에서의 입양알선이 관계당국이나 기관에 의해 이루어 지도록 노력해야 한다.

제22조(난민 아동)

① 당사국은 아동이 난민 지위를 요청하거나 적용가능한 국제법이나 국내법 및 절차에 따라 난민으로 여겨지는 아동이 부모나 다른 보호자의 동반 여부와 관계없이 본 협약 및 해당 국가의 국제인권 및 인도주의 관련 문서에 규정된 권리를 향유함에 있어 적절한 보호와 인도적 지원을 받을 수 있도록 적절한 조치를 취해야 한다.

② 이 목적을 위해, 당사국은 유엔 및 유엔과 협력하는 권한 있는 정부 간 기구[**] 또는 비정부 기구 들이 이러한 아동을 보호·지원하고 가족재결합에 필요한 정보를 얻기 위해 난민아 동의 부모나 다른 가족구성원 추적에 기울이는 노력에 적절히 협조하여야 한다. 부모나 다른 가족구성원을 찾을 수 없는 경우, 그 아동은 영구적 또는 일시적으로 가정환경을 박탈당한 다른 아동과 마찬가지로 본 협약에 규정된 보호를 받아야 한다.

제23조(장애아동)

① 당사국은 정신적 또는 신체적 장애가 있는 아동이 그들의 존엄성이 보장되고 자립을 촉 진하며 지역사회에서 아동의 적극적 사회참여를 장려하는 여건에서, 충분하고 품위있는 생활을 향유해야 함을 인정한다.

② 당사국은 특별한 돌봄을 받을 장애아동의 권리를 인정하며, 활용 가능한 재원의 범위 내 에서 해당 아동과 그들의 양육자에게 아동의 여건과 부모 및 기타 양육자의 상황에 맞는 적절한 지원이 제공되도록 장려하여야 한다.

③ 장애 아동의 특별한 욕구를 인식하며, 본 조 제2항에 따라 지원을 확대할 경우 부모나 기 타 양육자의 재정상황을 고려해 가능한 무상으로 제공되어야 한다. 또한 장애 아동이 가

[**]　정부간 기구(intergovernmental organizations)란, 정부간 국제기구 또는 단지 국제기구라고도 하 며 국가가 개별적으로는 달성하기 어려운 공공 목적을 국가간의 기구를 통하여 실현하고자 하는 공동 적 측면의 목표가 있다. 국제연합(UN) 또한 대표적인 정부간 기구이며, 그 외 국제난민기구(UNHCR), 국제노동기구(ILO), 세계보건기구(WHO), 유네스코(UNESCO) 등이 있다.

능한 사회적 통합, 문화적 정신적 발달을 포함한 개인의 발달을 성취할 수 있는 방법으로 아동이 교육 훈련, 의료 지원, 재활지원, 취업준비 및 여가 기회에 효과적으로 접근하고 제공받을 수 있도록 보장해야 한다.

④ 당사국은 국제협력의 정신에 입각해 이러한 분야에서의 능력과 기술을 향상시키고 확대하기 위해 장애 아동을 위한 재활, 교육 및 직업에 관한 정보를 보급하고 접근할 수 있게 하는 것을 비롯해 예방의학 및 의학적 심리적 기능적 치료 분야에 관한 적절한 정보 교환을 촉진해야 한다. 또한 이 문제를 다룸에 있어 개발도상국의 필요를 특별히 고려해야 한다.

제24조(아동의 건강을 보장할 국가의 의무)

① 당사국은 아동이 최상의 건강수준을 향유하고, 질병의 치료 및 건강회복을 위한 시설을 이용할 권리를 인정한다. 이와 관련해 보건의료서비스 이용에 관한 아동의 권리가 박탈되지 않도록 노력해야 한다.

② 당사국은 이 권리의 완전한 이행을 추구해야 하며, 특히 다음의 적절한 조치를 취해야 한다.

  1. 영유아 및 아동의 사망률 감소를 위한 조치

  2. 일차보건의료의 증진에 중점을 두면서 모든 아동에게 필수적인 의료지원과 건강관리를 받을 수 있도록 보장하는 조치

  3. 일차보건의료 체계 안에서 환경오염의 위험과 피해를 고려하면서 쉽게 이용할 수 있는 기술 적용과 충분히 영양가 있는 음식 및 깨끗한 식수 제공을 통해 질병과 영양실조를 퇴치하기 위한 조치

  4. 산모에게 적절한 산전산후 건강관리를 보장하는 조치

  5. 모든 사회구성원, 특히 부모와 아동이 아동 건강과 영양, 모유수유의 장점, 위생 및 환경 정화, 사고 예방에 관한 기초지식을 활용할 수 있도록 정보를 제공, 교육, 지원받을 수 있도록 보장하는 조치

  6. 예방 중심의 건강관리, 부모교육 및 가족계획 교육과 서비스를 발전시키는 조치

③ 당사국은 아동의 건강에 유해한 전통관습을 폐지하기 위해 모든 효과적이고 적절한 조치를 취해야 한다.

④ 당사국은 본 조에서 인정하는 권리의 완전한 실현을 점진적으로 달성하기 위해 국제협력을 증진하고 장려해야 한다. 이 문제에 있어서 개발도상국의 필요를 특별히 고려해야 한다.

제25조(시설 및 서비스에 대한 정기적인 심사를 해야 할 국가의 의무)

당사국은 돌봄, 보호, 신체적·정신적 치료를 목적으로 관계당국에 의해 배치결정된 아동이 그들에 대한 처우 및 결정과 관련한 모든 상황을 정기적으로 심사받을 권리가 있음을 인정한다.

제26조(사회보장제도)

① 당사국은 모든 아동이 사회보험을 포함한 사회보장제도의 혜택을 받을 권리가 있음을 인정하며, 이 권리의 완전한 실현을 위해 자국의 국내법에 따라 필요한 조치를 취해야 한다.

② 이러한 혜택은 아동 및 양육책임자의 재원과 상황을 고려함은 물론 아동이 직접 또는 대신하여 행하는 혜택 신청과 관련된 여러 상황을 고려해 적절한 경우에 부여되어야 한다.

제27조(발달에 맞는 생활수준)

① 당사국은 모든 아동에게 신체적 지적 정신적 도덕적 사회적 발달에 맞는 생활수준을 누릴 권리가 있음을 인정한다.

② 부모 또는 그 외 아동에 대해 책임이 있는 자는 능력과 재산의 범위 안에서 아동 발달에 필요한 생활여건을 조성할 일차적 책임을 진다.

③ 당사국은 국내 여건과 재원 범위 내에서 부모 또는 그 외 아동에 대해 책임이 있는 자가 이 권리를 실현할 수 있도록 적절한 조치를 취해야 하며, 필요한 경우에는 특별히 기본적인 의식주에 대해 물질적 지원과 지원 프로그램을 제공해야 한다.

④ 당사국은 국내외에 거주하는 부모 또는 그 외 아동에 대해 재정적인 책임이 있는 사람의 양육비 이행을 확보하기 위한 모든 적절한 조치를 취해야 한다. 특히 아동에 대해 재정적 책임이 있는 사람이 아동과 다른 국가에 거주하는 경우, 국제협약 가입이나 체결 등 적절한 조치를 강구하도록 해야 한다.

제28조(교육)

① 당사국은 아동의 교육 받을 권리를 인정하며 기회균등에 근거하여 이 권리를 점진적으로 달성하기 위해 특별히 다음의 조치를 취해야 한다.

  1. 초등교육은 모든 사람에게 의무적이고 무상으로 제공되어야 한다.

2. 일반 및 직업교육을 비롯한 여러 형태의 중등교육 발전을 장려하고 모든 아동이 중등 교육을 받을 수 있도록 하며 무상교육 도입 및 필요 시 재정적 지원 제공 등 적절한 조치를 취해야 한다.

3. 모든 사람에게 능력에 따라 고등교육 기회가 개방되도록 모든 적절한 조치를 취해야 한다.

4. 모든 아동이 교육 및 직업에 관한 정보와 지침을 이용하고 접근할 수 있도록 조치를 취해야 한다.

5. 학교 출석률 및 중퇴율 감소를 장려하기 위한 조치를 취해야 한다.

② 당사국은 학교 규율이 아동의 인간으로서의 존엄성을 존중하고 본 협약을 준수하는 방향으로 운영되는 것을 보장하기 위한 모든 적절한 조치를 취해야 한다.

③ 당사국은 특히 전 세계의 무지와 문맹 퇴치에 기여하며, 과학·기술에 대한 지식 및 현대적인 교육방법에 대한 접근성을 높이기 위해 교육 부문의 국제협력을 증진하고 장려해야 한다. 이 문제에 있어서 특별히 개발도상국의 필요를 고려해야 한다.

제29조(교육의 목적)

① 당사국은 아동 교육이 다음 각 호의 목표를 지향해야 한다는 것에 동의한다.

1. 아동의 인격, 재능, 그리고 정신적 신체적 능력의 잠재력을 최대한 계발

2. 인권과 기본적 자유, 유엔헌장에 규정된 원칙에 대한 존중 의식 계발

3. 아동의 부모와 아동 자신의 문화적 정체성, 언어 및 가치, 현 거주국과 출신국의 국가적 가치 및 서로 다른 문명의 차이에 대한 존중 의식 계발

4. 아동이 인종적 민족적 종교적 집단 및 선주민 등 모든 사람과의 관계에 있어서 이해, 평화, 관용, 성(性) 평등 및 우정의 정신에 입각해 자유사회에서 책임있는 삶을 영위하도록 하는 준비

5. 자연환경에 대한 존중 의식 계발

② 교육기관의 교육은 국가가 설정한 최소기준을 따라야 한다는 요청 하에, 본 조 또는 제28조의 어떤 조항도 개인 및 단체의 교육기관 설립과 운영의 자유를 침해하는 것으로 해석되어서는 안 된다.

제30조(선주민 및 소수인종 아동의 고유문화 향유)

인종적 종교적 또는 언어적 소수자나 선주민 아동은 자신이 속한 공동체 구성원들과 함께 고유의 문화를 향유하고, 고유의 종교를 믿고 생활하며, 고유의 언어를 사용할 권리를 보장받아야 한다.

제31조(휴식·놀이 및 여가)

① 당사국은 아동이 휴식과 여가를 즐기고 연령에 적합한 놀이와 레크리에이션 활동에 참여하며, 문화생활과 예술활동에 자유롭게 참여할 수 있는 권리를 인정한다.

② 당사국은 문화 예술 활동에 충분히 참여할 수 있는 아동의 권리를 존중하고 증진하며, 문화, 예술, 레크리에이션 및 여가 활동을 위해 적절하고 균등한 기회 제공을 촉진해야 한다.

제32조(아동 노동)

① 당사국은 경제적인 착취를 비롯해 아동에게 위험하거나 아동의 교육을 방해하거나, 아동의 건강이나 신체적 지적 정신적 도덕적 사회적 발달에 유해한 모든 노동으로부터 보호받을 아동의 권리를 인정한다.

② 당사국은 본 조의 이행을 보장하기 위하여 입법적 행정적 사회적 교육적 조치를 강구해야 한다. 이 목적을 위해, 기타 국제문서의 관련규정을 고려하여 당사국은 특히 다음을 규정해야 한다.

　　1. 단일 또는 복수의 최저 고용연령 규정

　　2. 고용시간 및 조건에 관한 적절한 규정

　　3. 본 조의 효과적인 시행을 보장하기 위한 적절한 처벌 또는 기타 제재 규정

제33조(약물 남용)

당사국은 관련 국제조약에서 규정하고 있는 마약과 향정신성 물질의 불법적 사용으로부터 아동을 보호하고 이러한 물질의 불법적 생산과 거래에 아동이 이용되는 것을 방지하기 위해 입법적 행정적 사 회적 교육적 조치를 비롯한 모든 적절한 조치를 취해야 한다.

제34조(성 착취로부터의 보호)

당사국은 모든 형태의 성 착취와 성 학대로부터 아동을 보호할 의무를 진다. 이 목적을 위해 당사국은 특히 다음의 사항을 방지하기 위해 모든 적절한 국내적 양국간 다국간 조치를 모두 취해야 한다.

1. 모든 형태의 불법적인 성적 활동에 관여하도록 아동을 유인하거나 강요하는 행위

2. 성매매나 기타 불법적인 성적 활동에 아동을 착취하는 행위

3. 음란한 공연 및 그 소재로 아동을 착취하는 행위[*]

제35조(아동 유괴·매매 및 거래로부터 보호할 국가의 의무)

당사국은 어떠한 목적과 형태로든 아동탈취나 매매 또는 거래를 방지하기 위해 모든 적절한 국내적 양국간 다국간 조치를 취해야 한다.

제36조(모든 형태의 착취로부터의 보호)

당사국은 아동복지의 영역에 해로운 모든 형태의 착취로부터 아동을 보호하여야 한다.

제37조(범죄에 연루된 아동에 대한 국가의 조치)

당사국은 다음의 사항을 보장해야 한다.

1. 어떤 아동도 고문 및 그 밖의 잔혹한·비인도적인 또는 굴욕적인 대우나 처벌을 받아서는 안 된다. 만 18 세 미만의 아동이 범한 범죄에 대해서는 사형 또는 석방의 가능성이 없는 종신형을 선고해서는 안 된다.

2. 어떤 아동도 불법적 또는 자의적으로 자유를 박탈당해서는 안 된다. 아동의 체포, 구속 또는 구금은 법률에 따라 오직 최후의 수단으로서 최단 기간 동안만 행해져야 한다.

3. 자유를 박탈당한 모든 아동은 인도주의와 인간 고유의 존엄성에 대한 존중에 입각해 그들 나이의 욕구를 고려한 방법으로 처우받아야 한다. 특히 자유를 박탈당한 모든 아동은 성인과 함께 수용되는 것이 아동 최상의 이익에 부합한다고 판단되는 경우를 제외하고는 성인과 분리되어야 하며, 예외적인 경우 외에는 서신과 면회를 통해 가족과 연락할 권리

---

[*] 구체적인 해석·실시에 관한 내용은 유엔아동권리협약의 부속문건인 "아동매매·성매매 및 아동 음란물에 관한 선택의정서"를 참고할 수 있다.

를 가진다.

4. 자유를 박탈당한 모든 아동은 법적 및 기타 적절한 지원을 신속하게 제공받을 받을 권리를 가짐은 물론 법원이나 기타 권한 있고 독립적이며 공정한 당국에서 자신의 자유박탈의 합법성에 이의를 제기하고 이러한 소송에 대해 신속한 판결을 받을 권리를 가진다.

제38조(무력충돌에서의 아동 보호)

① 당사국은 아동과 관련 있는 무력충돌[*]에 있어 당사국에 적용가능한 국제인도법의 규칙을 존중하고 이행할 의무를 진다.

② 당사국은 만 15세 미만 아동이 적대행위에 직접 참여하지 않도록 보장하기 위해 실행가능한 모든 조치를 취해야 한다.

③ 당사국은 만 15세 미만 아동의 징집을 삼가야 한다. 만 15세 이상 만 18세 미만 아동을 징집하는 경우 최연장자부터 징집하도록 노력해야 한다.

④ 무력충돌에서 민간인 보호를 위한 국제인도법상의 의무에 따라 당사국은 무력충돌의 영향을 받는 아동을 보호하고 돌보기 위해 실행가능한 모든 조치를 취해야 한다.

제39조(피해 아동의 신체적·심리적 회복을 지원할 국가의 의무)

당사국은 모든 형태의 방임, 착취, 학대, 고문, 기타 모든 형태의 잔혹하거나 비인도적인 또는 굴욕적인 대우나 처벌, 또는 무력충돌로 인한 아동 피해자의 신체적 심리적 회복 및 사회복귀를 위해 모든 적절 한 조치를 취해야 한다. 이러한 아동의 회복과 사회복귀는 아동의 존엄성, 자기 존중 및 건강을 증진할 수 있는 환경에서 이루어져야 한다.

제40조(소년사법)

① 당사국은 형법 위반의 혐의를 받거나 기소 또는 유죄가 인정된 모든 아동이 타인의 인권과 기본적 자유에 대한 존중심을 강화하고 아동의 연령에 대한 고려와 함께 사회복귀 및 사회에서 맡게 될 발전적인 역할의 바람직성을 고려하는 등 인간존엄성과 가치에 대한 의식을 높일 수 있는 방식으로 처우받을 권리가 있음을 인정한다.

---

[*] 구체적인 해석·실시에 관한 내용은 유엔아동권리협약의 부속문건인 "아동의 무력충돌 참여에 관한 아동권리협약 선택의정서"를 참고할 수 있다.

② 이 목적을 위해 국제규범의 관련 규정을 고려하여 당사국은 특히 다음 사항을 보장해야 한다.

1. 모든 아동은 행위시의 국내법이나 국제법에 위배되지 않는 작위 또는 부작위를 이유로 형법 위반의 혐의를 받거나 기소 또는 유죄로 인정받지 않는다.

2. 형법 위반의 혐의를 받거나 기소된 모든 아동은 최소한 다음의 사항을 보장받는다.

   가. 법률에 따라 유죄가 입증될 때까지 무죄로 추정받아야 한다.

   나. 피의사실에 대한 변론 준비와 제출에 있어 직접 또는 부모나 법정대리인을 통해 신속하게 법률적 지원을 비롯한 기타 적절한 지원을 받아야 한다.

   다. 법적 또는 기타 적절한 지원을 받아 권한 있고 독립적이며 공정한 기관이나 사법기관에 의해 지체없이 판결을 받아야 하며, 아동 최상의 이익에 반하지 않는 한 아동의 연령이나 상황, 부모 또는 법정대리인을 특별히 고려하여야 한다.

   라. 증언이나 유죄의 자백을 강요당하지 않으며 자신에게 불리한 증인을 심문하거나 심문받도록 하는 것과 대등한 조건으로 자신을 대변할 증인의 출석과 심문을 확보할 수 있어야 한다.

   마. 형법을 위반한 것으로 간주되는 경우 판결 및 그에 따른 모든 조치는 법률에 따라 권한 있고 독립적이며 공정한 상위 기관이나 사법기관에 의해 심사되어야 한다.

   바. 아동이 사법절차에서 사용되는 언어를 이해하지 못하거나 말하지 못하는 경우 무료 통역 지원을 받아야 한다.

   사. 사법절차의 모든 단계에서 아동의 사생활은 완전히 존중되어야 한다.

③ 당사국은 형법 위반의 혐의를 받거나 기소 또는 유죄가 인정된 아동에게 특별히 적용할 수 있는 법률과 절차, 기관 및 기구의 설립을 추진하며, 특히 다음의 사항을 노력하여야 한다.

1. 형법위반능력이 없다고 간주되는 최저 연령의 설정

2. 적절하고 바람직한 경우, 인권과 법적 보호가 온전히 존중된다는 조건 하에 이러한 아동을 사법절차에 의하지 않고 다루는 조치

④ 아동의 웰빙에 적절하고 아동이 처한 상황 및 위법행위에 맞는 처우를 아동에게 보장하기 위해 돌봄, 지도 및 감독명령, 상담, 보호관찰, 위탁양육, 교육 및 직업훈련계획 및 제도적 보호에 대한 기타 대안적 방안 등 다양한 처분이 가능해야 한다.

제41조(아동권리실현을 위한 규정)

협약은 아동권리실현에 보다 도움이 될 수 있는 다음 각 호의 규정들에 영향을 미치지 않는다.

1. 당사국의 법

2. 당사국에서 효력을 가지는 국제법

제2부(이행과 모니터링)

제42조(협약을 널리 알릴 국가의 의무)

당사국은 적절하고 적극적인 수단을 통하여 본 협약의 원칙과 규정을 성인과 아동 모두에게 널리 알릴 의무를 가진다.

제43조(아동권리위원회)

① 본 협약의 의무 이행에 관해 당사국이 달성한 진전 상황을 심사하기 위해 이하에 규정된 기능을 수행하는 아동권리위원회를 설립한다.

② 위원회는 본 협약이 다루고 있는 분야에서 명망 높고 능력을 인정받은 18명의 전문가[*]로 구성된다. 위원회의 위원은 균형 있는 지역적 배분과 주요 법체계를 고려하여 당사국 국민 중에서 선출[**]되며, 개인자격으로 임무를 수행한다.

③ 위원회의 위원은 당사국이 지명한 후보들 중에서 비밀투표로 선출된다. 각 당사국은 자국민 중 1인을 위원 후보로 지명할 수 있다.

④ 위원회 구성을 위한 최초 선거는 본 협약의 발효일로부터 6개월 이내에 실시되며, 이후 2년마다 실시된다. 매 선거일의 최소 4개월 이전에 유엔사무총장은 2개월 내에 후보자를 지명해 제출하라는 서한을 당사국에 발송한다. 사무총장은 지명된 후보들을 알파벳 순으로 정리하고 어느 당사국이 이를 지명했는지 작성해 협약 당사국들에게 제시한다.

---

[*]   위원회는 초기에 10명의 전문가로 구성되었으나, 2002년 11월 이후 18명의 전문가로 증원하여 구성되고 있다(협약 원문 내 각주 참고)).

[**]   위원은 개인의 능력으로 활동하며, 국가에 의해 선발되었지만 그들은 국가 및 특정 기관을 대변하지 않는 독립적으로 활동한다. 국제아동인권센터 이양희 대표(성균관대학교 교수)는 대한민국 최초로 유엔아동권리위원회 위원으로 선출되어 2003년부터 2013년까지 활동하였으며, 2007-2011년에는 유엔아동권리위원회 위원장을 역임하기도 하였다.

⑤ 선거는 유엔본부에서 사무총장이 소집한 당사국 회의에서 실시된다. 이 회의는 당사국의 3분의 2를 의결정족수로 하며, 회의에 출석해 투표한 당사국 대표들의 최대다수표 및 절대다수표 를 얻는 자가 위원으로 선출된다.

⑥ 위원회 위원의 임기는 4년이며 재지명된 경우에는 재선임될 수 있다. 단, 최초 선거에서 선출된 위원 중 5인의 임기는 2년 후 종료된다. 이들 5인 위원의 명단은 최초 선거 직후 동 회의의 의장에 의해 추첨으로 선정된다.

⑦ 위원회 위원이 사망, 사퇴 또는 본인이 특정 이유로 인해 위원회의 임무를 더 이상 수행할 수 없다고 선언하는 경우 해당 위원을 지명한 당사국은 위원회의 승인을 조건으로 자국민 중에서 잔여 임기를 수행할 다른 전문가를 임명한다.

⑧ 위원회는 자체의 절차규정을 제정한다.

⑨ 위원회는 2년 임기의 사무관을 선출한다.

⑩ 위원회 회의는 통상적으로 유엔본부 또는 위원회가 결정하는 그 밖의 적절한 장소에서 매년 개최된다. 회의 기간은 필요한 경우 총회의 승인을 조건으로 본 협약 당사국 회의에서 결정되고 검토된다.

⑪ 유엔사무총장은 본 협약에 의해 설립된 위원회의 기능을 효과적으로 수행하기 위해 필요한 직원과 편의를 제공한다.

⑫ 본 협약에 의해 설립된 위원회의 위원은 유엔총회의 승인을 받아 총회가 결정하는 기간과 조건에 따라 유엔으로부터 보수를 받는다.

제44조(국가의 아동권리이행 보고 의무)

① 당사국은 본 협약이 규정하는 권리 실현을 위해 채택한 조치와 동 권리의 향유와 관련하여 이루어진 이행 보고서를 유엔사무총장을 통하여 다음과 같이 위원회에 제출한다.

　1. 당사국에서 협약이 발효된 후 2년 이내

　2. 그 후 5년마다

② 본 조에 따라 제출되는 보고서는 본 협약의 의무 이행 단계에 영향을 주는 요소와 어려움이 있을 경우 이를 명시해야 한다. 또한 보고서는 당사국의 협약 이행에 관한 포괄적 이해를 위원회에 제공하기 위해 충분한 정보를 포함해야 한다.

③ 위원회에 첫 통합 보고서를 제출한 당사국은 제1항 나호에 따라 제출할 후속보고서에 이미 포함된 기초 정보를 반복할 필요가 없다.

④ 위원회는 당사국에게 본 협약의 이행과 관련된 추가정보를 요청할 수 있다.

⑤ 위원회는 위원회의 활동에 관한 보고서를 2년마다 유엔경제사회이사회를 통해 총회에 제출한다.

⑥ 당사국은 자국의 활동에 관한 보고서를 자국 내 시민사회에서 널리 활용될 수 있도록 해야 한다.

제45조(협약이행을 위한 국제협력)

본 협약의 효과적인 이행을 촉진하고 협약이 다루는 분야에서 국제협력을 장려하기 위해 다음과 같이 진행할 수 있다.

1. 전문기구, 유니세프(유엔아동기금) 및 기타 유엔기관들은 본 협약 중 그들의 권한에 속하는 규정 이행과 관련된 논의에 대표를 파견할 권리를 가진다. 위원회는 전문기구, 유니세프 및 위원회가 적절하다고 판단하는 기타 권한 있는 기구에게 각 기구의 권한에 속하는 분야에 있어 협약 이행에 관한 전문적인 자문 제공을 요청할 수 있다. 위원회는 전문기구, 유니세프 및 기타 유엔기관들에게 그들의 활동 분야에 한해 협약 이행에 관한 보고서 제출을 요청할 수 있다.

2. 당사국이 보고서에 기술적 자문 지원 요청 또는 그 필요성을 명시한 경우, 위원회는 적절하다고 판단될 때 그 요청이나 명시에 대한 의견 및 제안을 할 수 있다. 그 경우 관련있는 전문기구, 유니세프 및 기타 권한있는 기구에도 해당 내용을 전달할 수 있다.

3. 위원회는 유엔사무총장에게 아동권리와 관련된 특정 이슈에 대해 연구해 줄 것을 총회에 권고할 수 있다.[*]

4. 위원회는 본 협약 제44조 및 제45조에 의해 접수한 정보에 기초해 제안 및 일반적 권고를 할 수 있다. 이러한 제안 및 일반적 권고는 당사국의 논평이 있으면 해당 논평과 함께 모든 당사국에 전달되고 총회에 보고된다.

---

[*] 2001년 유엔아동권리위원회는 '정치, 경제, 문화적 여건이나 교육수준 등에 관계없이 범세계적으로 아동들에게 폭력이 가해지고 있음을 발견'하고 국제사회에 문제를 제기하였다. 이에 유엔총회는 유엔사무총장에게 전 세계적으로 아동에게 행해지는 폭력에 대해 조사(UN General Assembly resolution 57/90 of 2002)하도록 하였고, "아동에게 행해지는 폭력" 에 관한 심층연구가 진행되었다. '유엔아동폭력보고서'(United Nations Secretary-General's Study on Violence against Children)는 2006 년 유엔총회에서 코피아난 사무총장에 의해 발표 되었다. (국문번역본은: 국제아동인권센터 홈페이지에서 다운로드 가능)

제3부(협약과 관련한 기타 정보: 부칙)

제46조(서명)

본 협약은 모든 국가가 서명하도록 개방된다.

제47조(비준)

본 협약은 비준되어야 한다. 비준서는 유엔사무총장에게 기탁된다.

제48조(가입)

본 협약은 모든 국가가 가입할 수 있도록 개방된다. 가입서는 유엔사무총장에게 기탁된다.

제49조(발효)

① 본 협약은 20번째 비준서 또는 가입서가 유엔사무총장에게 기탁되는 날로부터 30일째 되는 날 발효한다.

② 20번째 비준서 또는 가입서의 기탁 이후 본 협약을 비준하거나 가입하는 각 국가에 대해, 본 협약은 해당국가가 비준서 또는 가입서를 기탁한 후에 30일째 되는 날 발효한다.

제50조(개정)

① 모든 당사국은 개정안을 제안하고 이를 유엔사무총장에게 제출할 수 있다. 사무총장은 제안된 개정안을 당사국들에게 통보하는 한편 이를 심의하고 표결하기 위한 목적으로 당사국 회의 개최에 대한 찬성 여부를 물어야 한다. 이러한 통보일로부터 4개월 이내에 당사국 중 최소 3분의 1이 회의 개최에 찬성하는 경우 사무총장은 유엔 주관 하에 동 회의를 소집해야 한다. 개정안은 동 회의에 출석해 표결한 당사국 과반수의 찬성에 의해 채택되며 승인절차를 위해 유엔총회에 제출된다.

② 본 조 제1항에 따라서 채택된 개정안은 유엔총회에 의해 승인되고, 당사국 3분의 2 이상이 찬성할 때 효력이 발생한다.

③ 발효된 개정안은 이를 수락한 당사국에 대해 구속력을 가지며 다른 당사국은 계속해서 본 협약의 규정 및 당사국이 받아들인 그 이전의 모든 개정안에 대해서만 구속된다.

제51조(유보조항)

① 유엔사무총장은 비준 또는 가입시 각 당사국이 유보조항의 문서를 접수하고 이를 모든 국가에 배포한다.

② 본 협약의 목적 및 목표와 양립할 수 없는 유보는 허용되지 않는다.

③ 유보조항은 유엔사무총장에게 통지문을 제출함으로써 언제든지 철회될 수 있으며, 사무총장은 이를 모든 국가에게 통보해야 한다. 유보조항 철회 통지는 사무총장이 이를 접수한 날부터 유효하다.

제52조(탈퇴)

당사국은 유엔사무총장에 대한 서면통지를 통해 본 협약을 탈퇴할 수 있다. 협약 탈퇴는 사무총장이 통지문을 접수한 날로부터 1년 후 발효된다.

제53조(수탁자)

유엔사무총장은 본 협약을 보관하는 수탁자로 지명된다.

제54조(기탁)

아랍어 중국어 영어 불어 러시아어 스페인어로 동등하게 정본인 본 협약의 원본은 유엔사무총장에게 기탁된다. 이상의 증거로 아래에 서명한 전권위임대표들은 각국 정부로부터 정당하게 권한을 위임받아 본 협약에 서명했다.

푸른들녘 인문·교양 시리즈

인문·교양의 다양한 주제들을 폭넓고 섬세하게 바라보는 〈푸른들녘 인문·교양〉 시리즈. 일상에서 만나는 다양한 주제들을 통해 사람의 이야기를 들여다본다. '앎이 녹아든 삶'을 지향하는 이 시리즈는 주변의 구체적인 사물과 현상에서 출발하여 문화·정치·경제·철학·사회·예술·역사 등 다방면의 영역으로 생각을 확대할 수 있도록 구성되었다. 독특하고 풍미 넘치는 인문·교양의 향연으로 여러분을 초대한다.

2014 한국출판문화산업진흥원 청소년 권장도서 | 2014 대한출판문화협회 청소년 교양도서

001 옷장에서 나온 인문학

이민정 지음 | 240쪽

옷장 속에는 우리가 미처 눈치 채지 못한 인문학과 사회학적 지식이 가득 들어 있다. 옷은 세계 곳곳에서 벌어지는 사건과 사람의 이야기를 담은 이 세상의 축소판이다. 패스트패션, 명품, 부르카, 모피 등등 다양한 옷을 통해 인문학을 만나자.

2014 한국출판문화산업진흥원 청소년 권장도서 | 2015 세종우수도서

002 집에 들어온 인문학

서윤영 지음 | 248쪽

집은 사회의 흐름을 은밀하게 주도하는 보이지 않는 손이다. 단독주택과 아파트, 원룸과 고시원까지, 겉으로 드러나지 않는 집의 속사정을 꼼꼼히 들여다보면 어느덧 우리 옆에 와 있는 인문학의 세계에 성큼 들어서게 될 것이다.

2014 한국출판문화산업진흥원 청소년 권장도서

003 책상을 떠난 철학

이현영 · 장기혁 · 신아연 지음 | 256쪽

철학은 거창한 게 아니다. 책을 통해서만 즐길 수 있는 박제된 사상도 아니다. 언제 어디서나 부딪힐 수 있는 다양한 고민에 질문을 던지고, 이에 대한 답을 스스로 찾아가는 과정이 바로 철학이다. 이 책은 그 여정에 함께할 믿음직한 나침반이다.

2015 세종우수도서

004 우리말 밭다리걸기

나윤정 · 김주동 지음 | 240쪽

우리말을 정확하게 사용하는 사람은 얼마나 될까? 이 책은 일상에서 실수하기 쉬운 잘못들을 꼭 집어내어 바른 쓰임과 연결해주고, 까다로운 어법과 맞춤법을 깨알 같은 재미로 분석해주는 대한민국 사람을 위한 교양 필독서다.

2014 한국출판문화산업진흥원 청소년 권장도서

005 내 친구 톨스토이

박홍규 지음 | 344쪽

톨스토이는 누구보다 삐딱한 반항아였고, 솔직하고 인간적이며 자유로웠던 사람이다. 자유 · 자연 · 자치의 삶을 온몸으로 추구했던 거인이다. 시대의 오류와 통념에 정면으로 맞선 반항아 톨스토이의 진짜 삶과 문학을 만나보자.

006 걸리버를 따라서, 스위프트를 찾아서

박홍규 지음 | 348쪽

인간과 문명 비판의 정수를 느끼고 싶다면《걸리버 여행기》를 벗하라! 그러나《걸리버 여행기》를 제대로 이해하고 싶다면 이 책을 읽어라! 18세기에 쓰인《걸리버 여행기》가 21세기 오늘을 살아가는 우리에게 어떻게 적용되는지 따라가보자.

007 까칠한 정치, 우직한 법을 만나다

승지홍 지음 | 440쪽

"법과 정치에 관련된 여러 내용들이 어떤 식으로 연결망을 이루는지, 일상과 어떻게 관계를 맺고 있는지 알려주는 교양서! 정치 기사와 뉴스가 쉽게 이해되고, 법정 드라마 감상이 만만해지는 인문 교양 지식의 종합선물세트!

008/009 청년을 위한 세계사 강의 1, 2

모지현 지음 | 각 권 450쪽 내외

역사는 인류가 지금까지 움직여온 법칙을 보여주고 흘러갈 방향을 예측하게 해주는 지혜의 보고(寶庫)다. 인류 문명의 시원 서아시아에서 시작하여 분쟁 지역 현대 서아시아로 돌아오는 신개념 한 바퀴 세계사를 읽는다.

010 망치를 든 철학자 니체
vs. 불꽃을 품은 철학자 포이어바흐

강대석 지음 | 184쪽

유물론의 아버지 포이어바흐와 실존주의 선구자 니체가 한 판 붙는다면? 박제된 세상을 겨냥한 철학자들의 돌직구와 섹시한 그들의 뇌구조 커밍아웃! 무릉도원의 실제 무대인 중국 장가계에서 펼쳐지는 까칠하고 직설적인 철학 공개토론에 참석해보자!

011 맨 처음 성^性 인문학

박홍규 · 최재목 · 김경천 지음 | 328쪽

대학에서 인문학을 가르치는 교수와 현장에서 청소년 성 문
제를 다루었던 변호사가 한마음으로 집필한 책. 동서양 사상
사와 법률 이야기를 바탕으로 누구나 알지만 아무도 몰랐던
성 이야기를 흥미롭게 풀어낸 독보적인 책이다.

012 가거라 용감하게, 아들아!

박홍규 지음 | 384쪽

지식인의 초상 루쉰의 삶과 문학을 깊이 파보는 책. 문학 교과
서에 소개된 루쉰, 중국사에 등장하는 루쉰의 모습은 반쪽에
불과하다. 지식인 루쉰의 삶과 작품을 온전히 이해하고 싶다
면 이 책을 먼저 읽어라!!

013 태초에 행동이 있었다

박홍규 지음 | 400쪽

인생아 내가 간다, 길을 비켜라! 각자의 운명은 스스로 개척하
는 것! 근대 소설의 효시, 머뭇거리는 청춘에게 거울이 되어줄
유쾌한 고전, 흔들리는 사회에 명쾌한 방향을 제시해줄 지혜로
운 키잡이 세르반테스의 『돈키호테』를 함께 읽는다!

014 세상과 통하는 철학

이현영 · 장기혁 · 신아연 지음 | 256쪽

요즘 우리나라를 '헬 조선'이라 일컫고 청년들을 'N포 세대'라 부르는데, 어떻게 살아야 되는 걸까? 과학 기술이 발달하면 우리는 정말 더 행복한 삶을 살 수 있을까? 가장 실용적인 학문인 철학에 다가서는 즐거운 여정에 참여해보자.

015 명언 철학사

강대석 지음 | 400쪽

21세기를 살아갈 청년들이 반드시 읽어야 할 교양 철학사. 철학 고수가 엄선한 사상가 62명의 명언을 통해 서양 철학사의 흐름과 논점, 쟁점을 한눈에 꿰뚫어본다. 철학 및 인문학 초보자들에게 흥미롭고 유용한 인문학 나침반이 될 것이다.

016 청와대는 건물 이름이 아니다

정승원 지음 | 272쪽

재미와 쓸모를 동시에 잡은 기호학 입문서. 언어로 대표되는 기호는 직접적인 의미 외에 비유적이고 간접적인 의미를 내포한다. 따라서 기호가 사용되는 현상의 숨은 뜻과 상징성, 진의를 이해하려면 일상적으로 통용되는 기호의 참뜻을 알아야 한다.

017 내가 사랑한 수학자들

박형주 지음 | 208쪽

20세기에 활약했던 다양한 개성을 지닌 수학자들을 통해 '인간의 얼굴을 한 수학'을 그린 책. 그들이 수학을 기반으로 어떻게 과학기술을 발전시켰는지, 인류사의 흐름을 어떻게 긍정적으로 변화시켰는지 보여주는 교양 필독서다.

018 루소와 볼테르 인류의 진보적 혁명을 논하다

강대석 지음 | 232쪽

볼테르와 루소의 논쟁을 토대로 "무엇이 인류의 행복을 증진할까?", "인간의 불평등은 어디서 기원하는가?", "참된 신앙이란 무엇인가?", "교육의 본질은 무엇인가?", "역사를 연구하는 데 철학이 꼭 필요한가?" 등의 문제에 대한 답을 찾는다.

019 제우스는 죽었다 그리스로마 신화 파격적으로 읽기

박홍규 지음 | 416쪽

그리스 신화에 등장하는 시기와 질투, 폭력과 독재, 파괴와 침략, 지배와 피지배 구조, 이방의 존재들을 괴물로 치부하여 처단하는 행태에 의문을 품고 출발, 종래의 무분별한 수용을 비판하면서 신화에 담긴 3중 차별 구조를 들춰보는 새로운 시도.

020 존재의 제자리 찾기 청춘을 위한 현상학 강의

박영규 지음 | 200쪽

현상학은 세상의 존재에 대해 섬세히 들여다보는 학문이다. 어려운 용어로 가득한 것 같지만 실은 어떤 삶의 태도를 갖추고 어떻게 사유해야 할지 알려주는 학문이다. 이 책을 통해 존재에 다가서고 세상을 이해하는 길을 찾아보자.

021 코르셋과 고래뼈

이민정 지음 | 312쪽

한 시대를 특징 짓는 패션 아이템과 그에 얽힌 다양한 이야기를 풀어낸다. 생태와 인간, 사회 시스템의 변화, 신체 특정 부위의 노출, 미의 기준, 여성의 지위에 대한 인식, 인종 혹은 계급의 문제 등을 복식 아이템과 연결하여 흥미롭게 다뤘다.

022 불편한 인권

박홍규 지음 | 456쪽

저자가 성장 과정에서 겪었던 인권탄압 경험을 바탕으로 인류의 인권이 증진되어온 과정을 시대별로 살핀다. 대한민국의 헌법을 세세하게 들여다보며, 우리가 과연 제대로 된 인권을 보장받고 살아가고 있는지 탐구한다.

017 노트의 품격

이재영 지음 | 272쪽

'역사가 기억하는 위대함, 한 인간이 성취하는 비범함'이란 결국 '개인과 사회에 대한 깊은 성찰'에서 비롯된다는 것, 그리고 그 바탕에는 지속적이며 내밀한 글쓰기 있었음을 보여주는 책.

024 검은물잠자리는 사랑을 그린다

송국 지음, 장신희 그림 | 280쪽

곤충의 생태를 생태화와 생태시로 소개하고, '곤충의 일생'을 통해 곤충의 생태가 인간의 삶과 어떤 지점에서 비교되는지 탐색한다.

025 헌법수업 말랑하고 정의로운 영혼을 위한

신주영 지음 | 324쪽

'대중이 이해하기 쉬운 언어'로 법의 생태를 설명해온 가슴 따뜻한 20년차 변호사 신주영이 청소년들을 대상으로 헌법을 이야기한다. 우리에게 가장 중요한 권리, 즉 '인간을 인간으로서 살게 해주는 데, 인간을 인간답게 살게 해주는 데' 반드시 요구되는 인간의 존엄성과 기본권을 명시해놓은 '법 중의 법'으로서의 헌법을 강조한다.